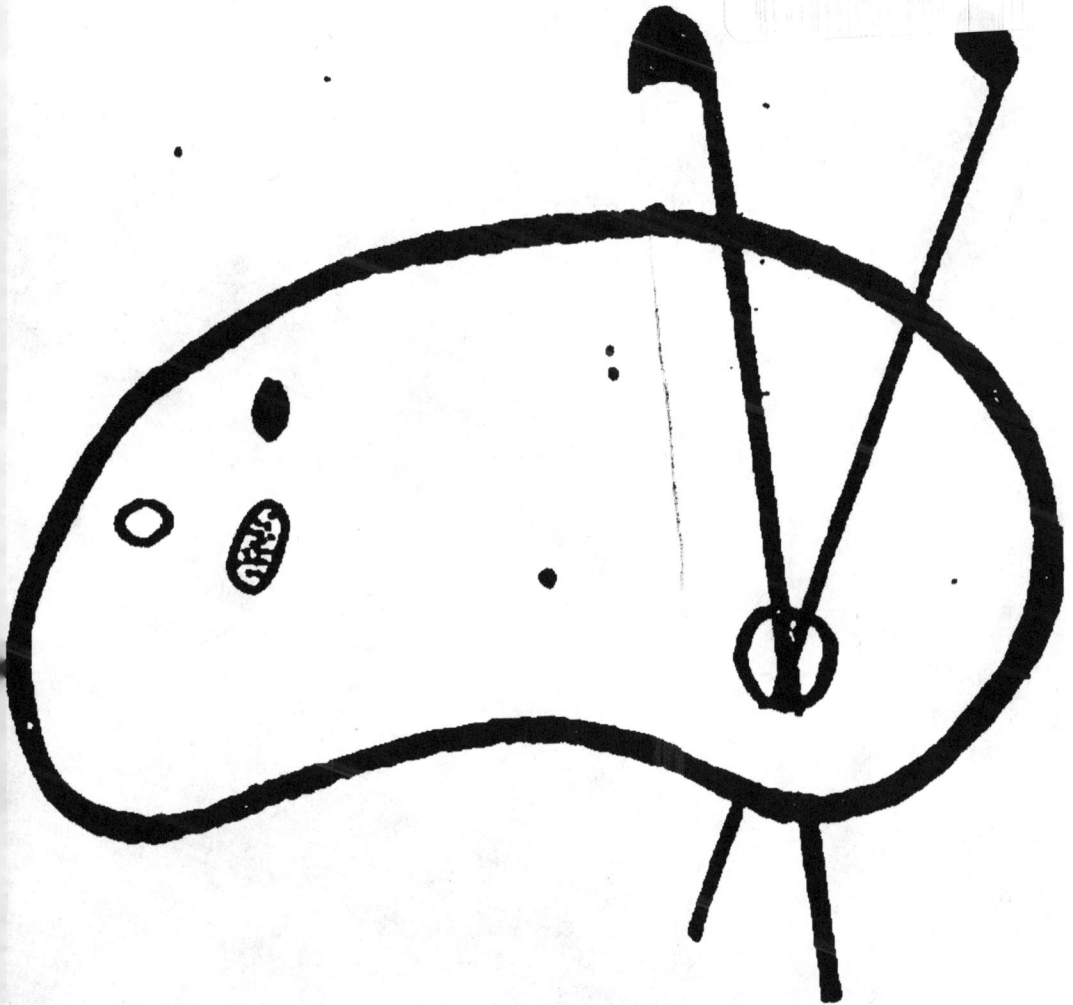

COUVERTURE SUPERIEURE ET INFERIEURE
EN COULEUR

NOTICE

HISTORIQUE

SUR

MONTGEROULT

par l'abbé LOISEL,

curé de Montgeroult.

1873.

Pontoise Imp. Villemer

ARCHIVES ET OUVRAGES

consultés.

Archives nationales. Cartulaire de l'Abbaye de Saint-Denis. L. 1. 1170. (A. N.)

Archives départementales. Série E. 1035, 1036. (A. D.)

Archives municipales. Terrier de Longueval (T. L.), de Dosnon, (T. D.), Le Féron, (T. F.), Chevalier, (T. C.)

Registres de Catholicité (A. M.).

Archives paroissiales. Registres du conseil de fabrique (A. E.).

Inventaire et Tiltres de Montgeroult. In-folio. (I. C.).

Don Etiennot. Antiquitates Velocassium. Manuscrit in-folio, trois volumes. Bibliothèque de Pontoise. (D. E.).

Don Doublet. Antiquités de l'Abbaye de Saint-Denis. (D. D.).

Don Félibien. Histoire de l'Abbaye de Saint-Denis. (D. F.)

D'Hozier. Armorial général de la noblesse de France. (D'H.).

Manessier. Nobiliaire de Picardie (M.)

Père Anselme. Histoire généalogique de la Maison de France. (P. A.).

La Collection du Grand Journal. Bibliothèque Nationale.

MONTGEROULT.

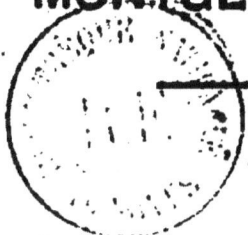

Montgeroult était compris dans le territoire des Vélocasses. Son sol primitivement couvert de bois, a gardé quelques traces des peuples celtiques et antéceltiques.

Le lieu dit la *Grande* ou la *Haute-Borne*, à gauche du chemin de Cormeilles, indique qu'il y eut dans cet endroit un monolithe dressé par les Gaulois.

Courcelles désigne une habitation des Gaulois, qui construisaient des maisons isoleés en terre et en chaume. (D. Grenier.)

Un vaste *tumulus* a été découvert dans le parc d'Ableiges; il est ovale et parfaitement conservé. Son nom de *Labyrinthe*, ainsi que les ossements et les poteries qu'on y a trouvés, rappellent qu'il à servi de lieu de sépulture sous les Gaulois et les Romains.

Il devint dans la suite une *motte féodale*, le donjon d'Ableiges sans doute, si l'on considère le large fossé qui l'entoure, sa situation dans le parc d'Ableiges, et un nom de famille, celui de *la Mothe*, qui s'est conservé à Montgeroult jusqu'au siècle dernier.

D'après son nom *Mons Gerulfi*, *Mons Geroldi*, Montgerol, Montgeroil au treizième siècle, Mongerould au quatorzième, ce fut un Franc appelé Gérold qui donna son nom au village.

Historiquement parlant, Montgeroult était compris dans le Vexin Français, et appartint de toute antiquité à l'Abbaye de Saint Denis. S'il ne fut pas compris dans la dotation que lui fit Dagobert en 630, il lui appartenait sous Charlemagne, époque à laquelle on fait remonter la possession du Vexin par la royale Abbaye.

893. Charles le Chauve donna au couvent la justice de tout le Vexin. (D.D.)

Les revenus de Montgeroult et des environs fournirent à l'ordinaire des moines, et servaient à alimenter la cuisine du monastère. (A. Duchesne, tome IV, p. 333.)

Les Bénédictins étaient établis à Montgeroult au moins dès le onzième siècle. Ils y fondèrent un monastère, et durent avoir une grande part dans la mise en culture du pays.

Le sol de Montgeroult était anciennement composé en grande partie de *Groues* et de *Larris*.

La Groue (du celtique growan sable), se trouvait à peuprès partout avec toutes ses variétés: la Groie, les Grouettes, les Graviers.

La *Groue* était un nom générique désignant un sol mélangé de pierre et de sable : En voici deux exemples : *Une pièce de groue au dessus de la carrière Marierer*, page 248; *une pièce de terre en Groue*, en 1491, page 281, (I.-C.)

La *Groie* désignait une terre sablonneuse et répond au mot français de grève : le lieu en face du chemin du parc d'Ableiges, s'appelait la *Groie*.

Les *Grouettes* étaient un mélange de petites pierres et de sable. La pièce appelée *les Grouettes au Roy*, se trouve sur le bord du chemin du roi.

Enfin les *Graviers* n'ont pas besoin d'être définis. Il y a un lieu dit *les Graviers*.

Le *Larri* ou *Lairi* (peut-être de *derelicta*, terre en friche) désignait une ravine ou un vallon inculte exposé au couchant, par lequel l'eau s'écoulait sur un sol mal irrigé.

Les Larris, dont il ne reste plus qu'un exemple dans le Val, étaient nombreux autrefois : *quatre arpents de groues et larris, au pré des Vaux*, p. 283; *trois quariters de terre en larri, près le pré des Vaux, en 1547* (I. G.)

Ces Larris furent plantés en vignes, à cause de leur exposition au couchant : *un quartier de terre en larris, lieu dit le pré des Vaux, à la charge de mettre ledit larri en vignes*, p. 289.

Il y a aussi des Larris, à Boissy.

Le lieu dit aujourd'hui *les Larris*, était autrefois planté en vignes. Il en reste encore un pied magnifique.

Le souvenir de cette culture par les moines s'est conservé dans un dicton goguenard.

En 1668, le curé remarque que l'année fut stérile quant aux fruits et aux vignes, n'ayant pas eu dans toute la paroisse un demi-muid de vin. (A. M.)

Aujourd'hui les Larris sont plantés en bois.

SEIGNEURIE JUSTICIERE.

La Seigneurie justicière de Montgeroult appartenant aux Abbés de Saint-Denis, comprenait les droits suivants :

La Justice, les Banalités, les Censives, le Cens, le Champart et Terrage, le droit d'Avenage, les Dîmes, la Taille, les Corvées et les Bonnages.

1° La *Justice* haute et basse. Le village était une prévôté dont le titulaire résidait à Cergy, et avait aussi celles de Cormeilles et de Boissy.

Elle ressortissait au baillage seigneurial de Cergy, appartenant à l'Abbaye de Saint-Denis, dont les appels étaient portés directement au roi, quoiqu'il fût enclavé dans la châtellenie de Pontoise. (T. D., D. D.)

La coutume qui régnait était celle de Senlis, révisée en 1539.

La justice s'éxécutait au lieu dit *la Justice*, qui se trouve à droite du bois de Saint-Denis. Le chemin est encore appelé le chemin de la Justice.

Là s'élevaient les trois fourches patibulaires et le carcan, d'après la coutume féodale qui les plaçait dans un endroit d'où ils pussent être aperçus de tout côté.

Au siècle dernier, la prison seigneuriale était au pavillon qui se trouve à droite de la grille du château.

1° Les *Banalités*. Il y en avait deux : 1° le moulin de Courcelles et le Moulin Neuf aujourd'hui réunis ; 2° la maison du *Four à Ban*, au lieu dit encore aujourd'hui le *Pignon du Four*.

3° Les *Censives*, à prendre sur les maisons et les héritages du pays. (T. D.)

4° Le *Cens*, qui était de quatre deniers par arpent. (T.D.)

5° Le *Champart et Terrage*, qui variait depuis neuf jusqu'à quatorze gerbes par cent, toutes réunies et portées dans la grange du lieu, (T. D.)

6° Le *Droit d'Avenage*, à prendre sur certaines masures et héritages du pays. (T.D.)

7° Les *Dîmes* qui étaient de trois sortes : 1° les *grosses*, comprenant blé, avoine, orge, vesces, pois, fèves, *navettes*, lentilles et vin. 2° Les *grosses menues* consistant en *verdailles* et novales. 3° Les *menues*, comprenant les dîmes de charnage, cochons de lait et agneaux, le chanvre, bourgogne, jardins et autres choses. (A. D.) Le curé prenait les deux dernières dîmes et une partie des grosses : deux gerbes sur cinq.

8° La *Taille*. Un des articles de la taille était le Droit de *Chape de l'Abbé*. A chaque nomination d'Abbé, pour son joyeux avénement, les habitants de Montgeroult étaient tenus de lui payer cinq deniers par arpent.

Cette taille était destinée à l'indemniser de ses frais d'installation. (D.D.)

9° Les *Corvées*. Elles sont spécialement désignées dans un terrier de Saint-Denis de 1530. (I. C.) Elles étaient de toutes sortes, voirie, semailles, labourages. Elles étaient ordinairement de six jours.

10° Les *Bonages*, ou droit de bornage ré-
servé au Seigneur. (I. C.)

En 1600, les droits seigneuriaux de Montgeroult furent affermés pour 66 écus d'or sol
deux tiers, environ 350 francs d'aujourd'hui.
(I. C.)

Il faisait bon vivre sous la crosse des Abbés
de Sant-Denis :

Leurs sujets étaient exempts de tout tribut
et de tout péage par toute la France. (D. D.)

A Paris en particulier, ils ne payaient aucun
droit de travers, de tonlieu, ni d'aucune es-
pèce. (D. D.)

Dans les guerres des Anglais, ils furent dis-
pensé de la garde des forteresses, du guet, et
des réparations. (D. Grenier.)

Les appels des hommes de Montgeroult
étaient portés directement du baillage de Cergy
au parlement de Paris, sans passer par le baillage de Pontoise, quoique celui de Cergy y fût
enclavé. (D. D.)

Les dîmes ne se recueillaient que quarante
ans après le défrichement. (A. D.)

9.

Dans tel prieuré de Cluny que l'on pourrait citer, la dîme n'était que de sept pour cent. (A. D. A. 1435.)

Enfin, l'Abbaye avait le droit de connaître des cas royaux. (D. D.)

LE MONASTÈRE.

Le monastère de Montgeroult fut fondé à une époque indéterminée. On ne peut douter de son existence : en 1226, Raoul de Lie donne à l'abbaye de Saint-Denis, une maison sise *antè monasterium ville.* (A. N.)

En 1398, l'abbaye de Saint-Martin possédait trois arpents de terre *au dessus du Moutier.* (A. D.)

La tradition locale dans un pays composé de familles qui en grande majorité l'habitent depuis un temps immémorial, est très vivace sur ce point, et suffirait à elle seule pour prouver que les religieux eurent autrefois un établissement à Montgeroult.

Cette tradition veut que le *Moutier* se trouvât sur l'emplacement occupé aujourd'hui par la maison de M. Fleurimont.

Il faut convenir que les religieux laboureurs choisissaient admirablement les points où ils élevaient leurs établissements. Outre que cet endroit est un des plus riants de la vallée, ils étaient à la portée des belles prairies qui s'étendent depuis Montgeroult jusqu'à Ableiges, et qui leur appartenaient.

Jusqu'au treizième siècle, les Bénédictins cultivèrent la terre de leurs mains; ils savaient unir la vie paisible du cloître, aux travaux des champs. Rien n'est comparable au charme de cette vie religieuse passée dans un vallon comme celui de la Viosne.

Les moines purent avoir la maison dont on vient de parler comme grange ou manoir; mais le *Moutier* où s'élevait le colombier à pied des hauts justiciers de Saint-Denis était la ferme administrée par M. Eugène de Bray, et devait s'étendre jusque sur l'emplacement du château actuel.

La description qui en fut faite lorsque la Seigneurie en 1599, fut vendue par les religieux à M. de Dosnon, ne laisse aucun doute sur son emplacement : une maison, cour, caves, chambres, garde-robes, grenier, *pavillons, jardin à poires, jardin à fruits*, vignes, le tout clos de murs, entretenant ensemble, assis audit Montgeroult, *proche l'Eglise dudit lieu*, tenant des deux côtés, et d'un bout audit sieur de Dosnon, et d'autre bout *par-devant la rue*, en laquelle maison il y a *cour haute et basse*, *grange*, *étables*, et colombier à pied. (T. D.)

Ce colombier était situé près de l'escalier qui mène de la cour de la ferme au potager du château. Il était très grand, d'après les témoins oculaires.

Le Château actuel n'est que la *maison à pavillons* des moines transformée. Les jardins et les dépendances comprenaient la ferme et le potager.

Il est facile de *reconstruire* le Monastère de Montgeroult.

Le Château occupe l'emplacement de la *maison* des moines. Le *jardin à poires* et le *jardin à fruits* ne sont que les deux potagers actuels. Les *carrières* doivent être les citernes, qui sont ce qu'il y a de plus remarquables comme construction et comme étendue dans tout le château, et que la tradition locale attribue aux religieux. Le *court* subsista jusqu'en 1640 où le parc fut créé. Un des *pavillons* renferma jusqu'à la Révolution, la prison seigneuriale. Le *colombier à pied* a été vu par tout le monde dans la cour de la ferme.

Suger doit être regardé comme le créateur du moutier et de ses dépendances, tel qu'il existe aujourd'hui dans ses principales parties.

Il est probable qu'il construisit cet ensemble de bâtiments qui constituait un domaine seigneurial et dont les différentes parties ont été décrites plus haut.

Il est certain qu'il s'occupa spécialement de Montgeroult. Un des grands malfaiteurs contre lesquels il eut à lutter, était l'Avoué de Montgeroult, dont l'Abbaye se hâta de racheter la charge quelques années après sa mort.

S'il augmenta du double et du triple les revenus du Vexin, cela doit s'entendre en particulier du village qui nous occupe, et qui lui fait plus que les autres, redevable de sa sécurité et de sa prospérité.

On peut dire que le passage de l'Aigle de Saint-Denis à Montgeroult, y a laissé des traces ineffaçables.

L'AVOUERIE ET LA MAIRIE.

Charlemagne avait ordonné que les abbés et les évêques eussent des *Avoués* ou défenseurs pour défendre leurs biens. Ces Avoués étaient des sortes de régisseurs des biens ecclésiastiques.

Ordinairement ils étaient les nobles les plus qualifiés du pays.

D'après l'ordonnance de Charlemagne, ils avaient eux-mêmes leurs biens aux endroits où l'Abbaye avait les siens, afin d'être plus à portée de défendre les Églises qu'ils protégaient. (D. F.)

D'un autre côté, les mairies se donnaient en fief. Avec le temps, les Avoueries et les mairies devinrent hériditaires.

Les Avoués comme les Maires ne se contentèrent pas des droits et des revenus attachés à leur charge ; ils usurpèrent d'autres avantages et étendirent leurs propres héritages ou leurs droits jusque sur ceux de l'Abbaye, en sorte qu'au lieu d'en être les défenseurs et les fidèles administrateurs, ils en devinrent les ennemis les plus à craindre.

Suger eut à réprimer en particulier les rapines et les exactions des avoués et des maires du Vexin.

Aussi dans la suite, les abbés de Saint-Denis rachetèrent-ils la plus part des avoueries et des mairies, pour se mettre à l'abri des exactions de leurs possesseurs. C'est ainsi que l'avouerie et la mairie de Montgeroult furent rachetées au commencement du treizième siècle.

Les Avoués de Montgeroult étaient les seigneurs de Marines qui en même temps étaient seigneurs de Courcelles. L'avouerie de Montgeroult valait 212 livres et demie.

La Mairie appartenaient au treizième siècle à la famille *Saint-Cors*.

17.

ABBÉS DE SAINT-DENIS

SEIGNEURS JUSTICIERS DE MONTGEROULT.

843.	HILDUIN.
814.	LOUIS I.
867.	CHARLES-LE-CHAUVE.
877.	GOZLIN I.
887.	EBLES.
893.	EUDES I.
903.	ROBERT I.
923.	HUGUES II.
936.	HUGUES-CAPET.
968.	GOZLIN II.
	GUÉRIN.
980.	ROBERT II.
996.	VIVIEN.
1050.	HUGUES IV.
1060.	RAINIER.

18.

GUILLAUME.

1071. L'Église de Montgeroult lui fut donnée en vertu d'un accord passé par lui avec l'archevêque de Rouen. L'Abbaye devait présenter à l'église, la desservir ou la faire desservir.

L'acte dont il s'agit est le seul où parait l'abbé Guillaume. On en parlera plus au long à l'article de l'Église.

1075. YVES I.

1094. ADAM.

SUGER.

1122. Suger, l'habile administrateur, l'homme d'état qui gouverna la France au douzième siècle, améliora les terres du Vexin au point de doubler leurs produits et de leur faire même rendre davantage.

Il réprima les rapines et les exactions des Maires et des Avoués, et donna aux cultivateurs une sécurité inconnue dans ces temps de désordre.

Aussi ces terres, qui servaient à alimenter la cuisine de l'Abbaye, et qui avant lui ne fournissaient que cinq sous par jour à l'ordinaire des moines, en fournirent le double sans manquer une seule fois, et même le jeudi et le samedi, donnèrent quatorze sous sans manquer jamais. (A. Duchesne déjà cité.)

Il y a deux chartes de Suger sur la prévôté du Vexin.

Par la première il ordonne que tous les jeudis, ses religieux chantent l'office solennel de saint Denis et de ses compagnons, et tous les samedis, l'office de la Sainte Vierge.

Pour cela, il augmente de quatre sous l'ordinaire des moines qui était déjà de six sous. Le samedi, il assigne dix sous sur les revenus du Vexin.

Ensuite voulant que le couvent célèbre avec plus de solennité certaines fêtes comme celle de la Nativité de la Sainte Vierge, il donne vingt sous pour chacune d'elles, et sur cette somme soixante sous à prendre sur ladite prévôté.

Dans l'autre charte, Suger s'exprime d'une manière intéressante pour Montgeroult, sur la manière dont il s'y est pris, pour augmenter les revenus de la prévôté du Vexin qui comprenait comme on l'a vu, Montgeroult, Boissy, Cormeilles et Cergy.

Avant nous, dit-il, cette prévôté était si

dénuée, qu'elle pouvait à peine fournir cinq
sous pour la réfection des religieux du couvent. A notre entrée en charge, avec l'aide de
Dieu, nous l'avons arrachée à l'oppression des
Avoués et autres brigands de haute volée, à
grands frais, après avoir déployé de grandes
forces, et guerroyé rudement contre eux :
valida militari manu.

Quelle horrible oppression cela ne suppose-
t-il pas contre les paysans du Vexin que
ces efforts du puissant Abbé de Saint-Denis
à qui le roi Louis-le-Gros donnait le titre
de son ami intime ! Le vilain, parqué avec
ses bestiaux, relégué dans les carrières, comme
le *Trou à Vache* et *la Ruelle au Villain* dont
il est parlé dans les anciens actes, subissait
la domination exécrée des maires et des avoués
du pays.

Pour échapper à ces brigandages, amer fruit
de la conquête, il n'avait qu'un moyen à
employer, se jeter dans les bras de la religion.
L'œuvre des Trépassés, si populaire à Montgeroult, et qui remonte à un temps immémorial,
est l'expression vivante de la plainte du serf
qui échappait ainsi à ses tyrans, et portait
ses espérances au-delà du tombeau ?

Ensuite, Suger, le grand homme qui, pour la défense de la justice et du droit, avait été obligé d'endosser le haubert, s'accuse en termes touchants d'avoir porté les armes : *quod etiam conscientiam meam gravat*, dit-il.

Portant dans l'administration de la prévôté du Vexin, la supériorité qui accompagne partout le génie, il sut augmenter, *dupliciter et tripliciter*, tous les revenus de Montgeroult et autres paroisses du Vexin, tant en argent qu'en vin, grains et dîmes. Il ajouta à l'ordinaire des moines la moitié de ce qu'ils avaient déjà, en sorte que chaque jour, dix sous furent assurés au couvent pour sa nourriture.

Il revient avec complaisance sur les quatorze sous qu'il a assignés aux moines dans la même charte précédente pour le jeudi et le samedi.

Tout le monde sait, s'écrie-t-il, que cette augmentation de cinq sous que nous donnons dans cette ordonnance et dans la précédente, et qui est due à nos efforts, a été employée par la miséricorde de Dieu, pour augmenter le nombre des religieux.(D. D.)

Les noms de *Cîteaux* et de *Clairvaux* (le Citer

et le pré Monsieur) se trouvent à Montgeroult et appartiennent aux deux sites les plus ravissants du pays. Ne pourrait-on pas supposer, que les Religieux établis dans la vallée et seigneurs du pays, donnèrent les noms des deux grandes gloires de l'ordre de Saint-Benoit, à ces lieux solitaires, où la culture est de nos jours seulement arrivée à son perfectionnement et qu'ils durent coloniser.

La *Haye Bataille*, sur les limites du territoire de Montgeroult et de Cormeilles rappelle peut-être ces guerres de village à village que se faisaient sans cesse au douzième siècle les Seigneurs féodaux, comme Thibaut le Loup et Gascon du Plessis, et aux quelles Suger fut obligé de se mêler.

1151.　　EUDES II DE DEUIL.

1163.　　EUDES III DE TAVERNY.

1169.　　　IVES II.

1173.　　GUILLAUME II DE GAP.

L'Abbaye de Saint-Martin avait, comme on le verra dans la suite, des terres à Montgeroult.

1177. Un accord eut lieu entre ce couvent et celui de Saint-Denis sur leurs droits respectifs.

23.

Par cet acte, l'Abbaye de Saint-Martin résigne dans les mains de l'Archevêque de Rouen, l'Église de Chars qui appartiendra à l'Abbaye de Saint-Denis.

Cette dernière abandonne tous les droits qu'elle avait sur les terres de l'Abbaye de Saint-Martin et les cens qu'elle avait coutume d'en recevoir en argent, vin, grains et bois, à l'exception d'un besant d'or qu'elle paiera chaque année dans l'octave de Saint-Denis, pour reconnaître la souveraineté de cette Abbaye qui se réserve aussi le droit de voirie.

Les moines de Saint-Martin auront recours au prévôt de Saint-Denis, si les sergents de ce couvent commettent quelque injustice contre eux ou contre leurs hommes, car ils ne doivent rien exiger d'eux. De plus, ils recevront chaque année deux muids de blé d'hiver à prendre dans la grange de Cergy, et le champart de huit arpents de terre situés entre Boissy et Cormeilles, et de trois arpents et demi situés entre la *rivière d'Us* et Cergy, à condition de faire l'anniversaire de l'abbé Guillaume.

Il est convenu que toutes les possessions qu'ils ont jusqu'à ce jour sur les terres de

Saint-Denis, leur sont assurées; mais ils ne recevront aucune terre sans la permission de ce couvent, et seront tenus de la vendre dans l'année, à moins du consentement du Seigneur Abbé.

1186.	HUGUES V FOUCAUD.
1197.	HUGUES VI DE MILAN.
1204.	HENRI TROON.

Les maires des villages appartenant à l'Abbaye de Saint-Denis, ne songeaient qu'à s'enrichir aux dépens des Églises. Il fallait souvent que les Abbés achetassent à prix d'argent la paix de leur couvent.

Henri Troon racheta la mairie de Montgeroult qui avait appartenu à *Dreux Saint-Cors.*

1219. Au mois de décembre, Geneviève, sa veuve, renonça à tout droit sur la mairie, et jura de ne jamais faire aucune réclamation, ni vexation à l'Abbaye sur ce sujet. L'acte est passé devant le bailli du roi, Guillaume de Ville-Terry, chevalier, châtelain de Gisors, connétable du Vexin. (A. N.)

Il portait une croix ancrée. (D. E.)

Le même mois, Gautier, doyen de Meulan, attesta la renonciation de Geneviève. (A. N.)

1221.   Pierre d'Auteuil.

1222.   Depuis longtemps, les marais, prés et pâtures qui s'étendaient entre Courcelles, Montgeroult et Ableiges, occasionnaient de vifs démêlés entre les Abbés de Saint-Denis et les habitants des trois communes. Les terres avaient toujours été du fief et de la censive de l'Abbaye.   ..

Les habitants à qui du reste ces prés étaient nécessaires, prétendaient à leur propriété. L'usurpation était flagrante; ils refusèrent de se rendre à aucun arrangement, et furent excommuniés par le pape Honorius III.

Venant enfin à résipiscence, ils donnèrent par-devant Eustache, curé de Meulan, leur procuration à Gauthier d'Ableiges, prêtre, avec pleins pouvoirs pour régler l'affaire, et pour jurer à leur place, qu'ils se soumettront à l'ordre de l'Église, et observeront inviolablement ce que les mandataires des deux parties auront décidé.

Le souverain Pontife délégua l'abbé, le prieur de Saint-Chéron et celui de Saint-Pierre-en-Val, tous trois du diocèse de Chartres, pour régler l'affaire.   •

Les lettres de procuration données à Gautier d'Ableiges sont du 24 juin, fête de Saint-Jean-Baptiste.(A. N.)

L'affaire ne fut terminée que sept ans après.

La même année 1222, Thibaut de Frémécourt, chevalier, dit *le Loup,* probablement de la famille des comtes de Pontoise, prétendait avoir la propriété et la justice d'une pièce de terre sise à Montgeroult près du village, et qui appartenait à l'abbaye de Saint-Martin de Pontoise.

Il reconnut qu'il la détenait injustement, et la céda à Nicolas, abbé de Saint-Martin.

L'acte qui est du mois de novembre, portait le sceau de Thibaut, chargé d'un chevron rompu, à trois merlettes contournées. (D.E.)

Ce devait être un rude batailleur que ce *Loup* ; son blason, le plus beau qui puisse appartenir à un croisé, ne rappelle-t-il pas qu'il fut blessé à la terre sainte, et son surnom, qu'il portait le courage jusqu'à la férocité.

1224 Guillaume d'Osny avait un fief à Montgeroult. Il en légua et aumôna à toujours à l'abbaye de Saint-Denis la cinquième partie, du consentement de sa femme, après la mort de laquelle elle devait lui revenir.

Varin, doyen de Brignancourt, est témoin de la donation par un acte du mois de juin. (A. N.)

Guillaume d'Osny portait un échiqueté. (D. E.)

Pierre d'Auteuil racheta l'avouerie de Montgeroult. Les motifs du rachat des avoueries ont été exposés ci-dessus.

Philippe - Auguste, en mourant, avait fait divers legs à l'Abbaye de Saint-Denis, à condition qu'ils serviraient à l'entretien des religieux. (D. F.) Ces derniers firent avec ces legs diverses acquisitions, et en particulier rachetèrent l'avouerie de Montgeroult.

Elle appartenait alors à Gascon du Plessis qui donna son nom au Plessis-Gassot, près d'Écouen, dont il était seigneur. (D. E.) Il était de la famille des châtelains de Gisors et des Seigneurs de Chaumont, qui étaient de race royale. Il tenait cette charge en fief, de Raoul de Marines, seigneur de Courcelles, en sorte qu'il était l'arrière-vassal de l'abbé de Saint-Denis. Ce puissant seigneur avait des possessions à Ennery; c'est sans doute à cause de la proximité de ce village, qu'il était avoué de Montgeroult.

Il donna en aumône à l'Abbaye la cinquième partie de l'avouerie et tout ce qu'il possédait à Ennery, et lui vendit les quatre parties do reste pour 170 livres parisis. (A. N.)

Il y a quatre actes du mois de décembre 1224, sur cette vente importante.

Par le premier, passé devant les deux frères Geoffroi et Guillaume de la Chapelle, chevaliers et baillis du roi, Raoul de Marines reconnaissant qu'il était vassal de l'Abbaye pour cette avouerie et les terres d'Ennery, se constitue plège et se porte garant de Gascon du Plessis.

Par le deuxième, Gascon, du consentement de sa femme Mathilde, promet sous la foi du serment, et de ne jamais revenir sur ladite vente et la dite aumône. De plus, il la garantit contre tous et fournit comme plèges, Pierre de Gaucourt et Jean son frère, Jean du Tremblay, Hugues de la Truie et Clément de Luzarches, tous chevaliers. Ils doivent se constituer à Saint-Denis, si le vendeur cherche querelle à l'Abbaye sur la vente, et cela jusqu'à ce qu'il ait pleinement satisfait pour les dépenses et les dommages qu'il lui aura causés.

Par le troisième, Raoul de Marines ratifie la vente et l'aumône, comme étant le seigneur féodal de Gascon pour l'avouerie, qu'il tient lui-même en fief de Saint - Denis.

Par le quatrième, le doyen de Cercettes, résumant les chartes précédentes, se porte témoin de l'accord.

Dans un acte sans date, Hugues de Chaumont octroie aux religieux de Saint - Pierre la permission de tenir un marché et leur donne quatre livres, à condition de faire l'anniversaire de son père Galon et de Gascon du Plessis. (D.D.)

Raoul de Lie ou de Lice, chevalier, avait des biens à Montgeroult. Il était de la famille de Lie, la première du Vexin, qui fournit les comtes du Vexin et de Pontoise, et qui était originaire de Lieue, près Jouy - le - Moutier aujourd'hui Vauréal. Il devint bailli de Pontoise et chef des chevaliers du Vexin.

1226. Il aumôna à l'abbaye de Saint - Denis, en vue de la miséricorde divine et pour le salut de son âme, une maison qu'il avait à Montgeroult, et qui était située devant le Moutier: *anté monasterium ville*. Son frère, le sire Thibaut, probablement le même que Thibaut de Frémécourt, qui était seigneur d'une partie de Montgeroult, et son épouse Eremberge approuvent la donation. Il promet sous la foi du serment, de garantir ladite aumône au couvent.

Eudes, official de Pontoise, par un acte du mois d'avril, confirma au nom de l'archidiacre, la cession ci-dessus.(A. N.)

Le même mois l'abbé de Saint-Martin, Nicolas acheta à Guillaume Tranchebyse, quatre arpents de terre sis à Montgeroult, pour la somme de 16 livres. Tranchebyse les tenait déjà à cens du monastère, en sorte que ce fut plutôt une cession qu'une vente. (D. E.)

Cette terre était du fief de Thibaut le Loup. de Frémécourt, et d'Eustache de Frémécourt, prêtre, son oncle.

1227. Ils en cédèrent la souveraineté à l'Abbaye de Saint-Denis.

Par le même acte, ils vendent et cèdent à l'Abbaye tout ce qu'ils avaient en propriété à *Montgerol*, c'est-à-dire les hôtes, les champarts, les cens qu'ils avaient en commun, et une pièce de quarte arpents de terre, (A. N.)

Guillaume d'Eragny, chevalier dont ils étaient les vassaux pour les possessions susdites, approuve la dite vente et la confirme par un acte du mois de mai.

La famille d'Eragny portait un échiqueté chargé d'une fasce de gueules en chef.(D. E.)

Garnier, doyen de Meulan donna témoignage de la vente par un acte du même mois. (A. N.)

Le mois suivant, fut réglée une affaire des plus intéressantes pour Montgeroult.

La limite des territoires de Courcelles et de Montgeroult n'était pas encore fixée, et était la source des contestations entre les deux seigneurs riverains, Hugues de Marines, chevalier à qui appartenait Courcelles, et l'abbé de Saint-Denis, Pierre d'Auteuil.

Le chevalier prétendait que le pont, la pêche et la justice de la rivière dont les gracieux méandres lui ont valu le nom de Viosne. ou *Tourneuse,* lui appartenaient, et défendait curer le fond et les rivages, pour l'usage des hommes de Montgeroult.

L'abbé de son côté, prétendait que tout droit lui appartenait entièrement.

Ils se soumirent à l'arbitrage de Thibaut, Seigneur de Cormeilles, chevalier, fils de Dreux de Cormeilles, chevalier, et de Jeanne. (D. E.)

Après en avoir conféré avec des hommes de biens, Thibaut rendit la sentence suivante:

La moité du pont et de la rivière, qui se trouve vers *Montgeroil*, avec la justice et la pêche, appartiendra à l'abbé de Saint - Denis; l'autre moitié appartiendra au seigneur de Courcelles, dans toute l'étendue de sa terre.

Le curage des *fond et rivages* appartiendra aux habitants de Courcelles et de Montgeroult, qui s'engagent sous la foi du serment à le faire à frais communs, sans que Hugues ou son héritier puisse s'y opposer.

Ils auront le droit de faire rouir le chanvre dans le canal qui conduit au moulin. (A. N.)

Comme on le voit, le proverbe;

Entre Courcelles et Montgeroult,
Il n'y a pas de quoi planter un chou.

remonte fort loin.

Don Etiennot dit qu'on voyait de son temps sur une tombe, dans l'église de Courcelles un écu chargé de trois lévriers. Ces armes sont parlantes; ici Courcelles est censé venir de *cursus*. Or les armoiries de ce genre sont les plus anciennes; peut - être appartiennent - elles à Gautier de Marines ou de Courcelles.

EUDES IV CLÉMENT.

1229. L'affaire des prés des vaux, qui était pendante depuis sept ans, fut enfin réglée à l'amiable par les mandataires des deux parties.

Les légats du pape, l'abbé de Saint - Chéron, son prieur et celui de Saint - Pierre en val, rendirent la décision suivante :

L'Église possédera en toute propriété les marais, prés ou pâtures qui s'étendent depuis la rivière, en suivant une ligne jusqu'a la *Groie*, et comprenant toute l'étendue des prés jusqu'à Montgeroult, avec les fossés qui sont faits des deux côtés, sauf toutefois un chemin de quinze pieds fait de nouveau, qui longe la rivière, et qui sert aux habitantsdes trois communes.

Ceux-ci auront l'usage du reste des marais, pour lesquels ils seront tenus de payer vingt sous de cens par an, selon qu'ils avaient coutume de payer auparavant.

L'Église se réserve la justice sur les prés.

Les dits marais appartiendront en toute propriété aux trois communes, moyennant le cens convenu.

L'acte est du mois de juin. (A. N.)

Il est facile de voir encore aujourd'hui les portions attribuées aux moines et aux habitants en 1229.

La prairie qui s'étend jusqu'à la *Groie*, com-

prend les Hérètes, les Aunes-Pinards et la No-
raie, qui appartinrent au seigneur jusqu'à la
révolution.

Le reste constitue les *Prés des Vaux*, propriété indivise entre les trois communes jusqu'en 1838.

La *Groie* désigne le lieu qui se trouve à droite,
au-dessus du chemin du parc d'Ableiges.

Le chemin de quinze pieds, fait au commencement du treizième siècle, n'est autre chose
que le chemin en remblais qui longe la Viosne,
et qui sert de passage aux habitants de Courcelles pour aller aux prés des Vaux.

Enfin, les fossés qui bordaient à la fois du côté
de la rivière et du côté de Montgeroult, les prés
assurés à Saint - Denis par la transaction ci-dessus, existent encore aujourd'hui en grande
partie.

1245.   Guillaume III de Macoris,

1254.   Henri Mallet.

1258.   Mathieu de Vendome.

1287.   Renaud Giffard.

1306.   Gilles I de Pontoise.

1326.   Gui I de Castre.

1343. L'abbé Gui, tout en faisant fleurir la piété

dans son monastère, n'en négligeait pas les intérêts temporels.

Il fit quelques nouvelles acquisitions à Montgeroult et à Cormeilles (D. F.)

343.   GILLES II RIGAUT.

347.   Le 7 mai, le parlement rendit un arrêt contre la reine Blanche, deuxième femme de Philippe de Valois, qui avait reçu en douaire la châtellenie de Pontoise, et qui prétendait avoir droit de juridiction sur Montgeroult.

Les habitants furent déclarés exempts de la juridiction du baillage de Pontoise. (D. D.)

351.   GAUTHIER DE PONTOISE.

354.   ROBERT III DE FONTENAY.

363.   GUI DE MONTCEAUX.

367.   L'Abbé Gui fit de nouvelles acquisitions à Montgeroult (D. F.)

369.   Le 7 janvier, les habitants de Montgeroult reconnurent par-devant le bailli de Cergy, qu'ils étaient obligés de contribuer à l'article de la taille appelé la *Chape de l'Abbé*, dû au joyeux avénement de Gui de Montceaux. (D. D).

380.   Le grand-vicaire de Pontoise avait saisi les

biens meubles de Simon Morelly, curé de Montgeroult.

Il intervint un accord entre les religieux de Saint-Denis, l'archevêque de Rouen et le grand-vicaire, d'après lequel la justice de Montgeroult, qui appartenait à l'Abbaye, remit les meubles au neveu du curé. (D. D.)

Philippe de Villette.

1398. Le 23 octobre, l'Abbaye de Saint-Martin fait un bail à cens à Jean Dubuac et à Jean Maridor, d'une pièce de terre de trois arpents, appelée la *Couture Saint-Martin,* sise à Montgeroult, *au - dessus du Moutier,* moyennant 6 deniers parisis de chef cens, et 9 sous parisis de rente. (A. D. Fonds de l'abbaye de Saint-Martin.

1418.	Jean I de Bourbon.
1431.	Guillaume IV Farrechal.
1442.	Philippe II de Gamaches.
1464.	Jean II Geoffroy.
1474.	Jean III de Villiers.
1499.	Antoine de la Haye.
1505.	Pierre II de Gouffier.
1517.	Aymard de Gouffier.
1529.	Louis II, cardinal de Bourbon.

Un écu parti et sommé d'une couronne, à la

forme si élégante de François I, se voit encore sur le mur extérieur de l'Église. On y distingue à droite un fond d'or, et à gauche un lion de gueules sur fond d'argent, qui est le blason de la mère du donateur.

La couronne est une couronne ducale; ces armoiries appartenaient à Louis de Bourbon, cardinal de Vendôme. Il était fils de François de Bourbon, comte de Vendôme, et de Marie de Luxembourg, comtesse de Saint-Pol, de Marle, etc., dont les armes étaient le lion de Luxembourg sur fond d'argent. Ce sont bien celles que l'on voit sur la litre extérieure de l'Église.

Le mérite de Louis de Bourbon était si grand, qu'il fut évêque de Laon à dix-sept ans, et cardinal à vingt-quatre. Il est le premier abbé commendataire de Saint-Denis. Il fut fait archevêque de Sens en 1536.

Ce grand homme mourut en 1556.

Encore quelques années, et ce dernier vestige de la domination des abbés de Saint-Denis aura disparu effacé par les pluies du sud.

CHARLES II, CARDINAL DE LORRAINE.

1557. Sous cet abbé, Renaud de Dampont (Les Dampont étaient seigneurs de Montgeroult) était religieux de Saint-Denis, infirmier de l'Abbaye et Abbé de Saint-Léger de Soissons. (D. D.)

1574. LOUIS III, CARDINAL DE GUISE.

1589. LOUIS III, CARDINAL DE VENDÔME.

LOUIS IV DE LORRAINE, CARDINAL DE GUISE.

1594. L'Abbaye de Saint-Denis était alors en très mauvais état; les troubles de la ligue y avaient causé des pertes infinies.

Les religieux, qui vivaient d'emprunts, se virent tout à coup accablés de créances; il fallut aliéner les fonds de l'Abbaye.

Louis de Lorraine, tout nouvellement élevé à la dignité d'Abbé, et encore fort jeune, fut mal servi par ses agents qui, sous prétexte de remboursement des dettes et de réparations nécessaires, firent passer à leur profit et à celui de leur maître, quantité d'aliénations fort préjudiciables à l'Abbaye.

1595. Le 9 avril, le parlement rendit un arrêt qui permettait aux Religieux de vendre leurs biens jusqu'à concurrence de 30,000 écus.

De là s'ensuivirent les aliénations des terres de Chars, de Montgeroult, etc. (D. F.)

1597. Le 16 juillet, François-Jacques Doublet, prieur de Chaumont, l'auteur des *Antiquités de l'Abbaye de Saint-Denis*, fut chargé avec Jacques Colletet, prieur de Notre-Dame du Val, de rechercher les droits seigneuriaux de la terre de Montgeroult *(I. C.)*

Le résultat de son enquête, fut que l'Abbaye possédait à Montgeroult les droits suivants :

1° La haute, moyenne et basse justice.

2° Certains droits de censive à prendre sur plusieurs maisons et héritages.

3° Sept arpents de bois taillis environnés de fossés (le bois de Saint-Denis actuel.)

4° Le droit de champart de onze gerbes cent, rendues et portées dans la grange du lieu, sur quarante arpents de terre environ.

5° Le droit d'avenage à prendre sur certaines maisons et héritages en ruines, montant à sept ou huit setiers seulement.

1599. Le 19 mars, les droits seigneuriaux de Montgeroult furent adjugés pour 1200 écus sol, environ 7,000 francs, à Jean de Dosnon, après avoir été mis à prix 600 écus.

Le 22 juillet, le grand-Prieur ratifia ladite vente.

1601. Le 2 juillet, le sieur de Dosnon fut mis en

possession de biens de l'Abbaye, ainsi que de la haute justice.

Il fut installé par Gabriel Demonthier, bailli de Pontoise, et les fourches patibulaires furent posées dans les détroits de la terre de Montgeroult.

Le 11 du même mois, Charles Peymessan fut reçu comme prévôt de Montgeroult (T. D.)

L'Abbaye de Saint-Denis avait possédé Montgeroult au moins pendant sept cent six ans, c'est-à-dire depuis l'an 893, où Charles-le-Chauve lui donna la justice du Vexin, jusqu'en 1599.

Il a été démontré que des villages formés par les rois, les seigneurs et les religieux, ces derniers étaient les plus prospères. Voici en particulier ce que Montgeroult doit aux moines :

La culture d'un sol ingrat composé de groues et de larris, et où l'on trouve la *Groue-Groppe*, ou Groue sèche, opérés en partie par des Religieux qui donnaient l'exemple du travail des mains;

L'Église et son clocher, un des gracieux produits de l'art gothique;

La suppression de l'Avouerie et le rachat de la Mairie, données à des nobles qui perpétuaient la domination arbitraire du Franc conquérant sur le Gaulois vaincu ;

La fixation des limites du territoire ;

La propriété des prés de Vaux ;

Enfin la participation aux nombreux et importants privilèges que les Religieux avaient su obtenir pour leurs sujets.

Sous les religieux, le village se trouvait en partie sur le plateau, et par là, plus à portée de la culture.

Il n'y avait pas non plus de grande propriété ; en sorte que le proverbe qu'il faisait bon à vivre sous la crosse, se réalisa de point en point.

Les auteurs ne sont pas d'accord sur le sens du mot *groue* : Ménage le traduit par *grère* ; Lacurne de Sainte-Palaye par *arena* ; Ducange par *locus palustris*. Ici, la groue signifie simplement pierre.

Les armes de l'Abbaye de Saint-Denis étaient de France, c'est-à-dire d'azur aux trois fleurs de lis d'or, au clou de même en chef, à cause du Saint Clou qui était conservé dans le couvent.

Un souvenir intéressant est resté de l'époque où les moines de Saint-Denis habitaient Montgeroult.

Il y a dans les cuisines voûtées du château, une paire de chenets gothiques qui ne seraient pas indignes d'être placés au Musée de Cluny. Ils sont marqués d'une fleur de lis dont se servaient les abbés de Saint-Denis pour signer leurs mesures; ils portent une tête de moine avec son capuchon; les pieds sont trilobés.

SEIGNEURIE TERRIENNE.

———

Il y avait à Montgeroult huit fiefs :

1° Le *Fief principal*. Il consistait en quatre-vingt-treize arpents de terres labourables, et sept arpents quarante perches de bois taillis. (T. L.)

Ce Fief, constituant la terre de Montgeroult, relevait de l'Abbaye de Saint-Denis.

L'hommage se rendait à Cergy, châtellenie appartenant au couvent. (I. C.) Le relief était de 1200 livres.

La Seigneurie de Montgeroult avait les trois rentes suivantes : 1° 60 mines de blé à prendre chaque année sur les moulins de Courcelles ; 2° 17 setiers 4 boisseaux de blé à prendre chaque année sur le moulin de Boissy, appartenant aux Religieux de Saint - Denis ; 3° 19 setiers de grains dus par la Seigneurie d'Us (T. L.)

Les droits suivants lui appartenaient encore et sont à remarquer : 1° Les sœurs de l'Hôtel-Dieu de Pontoise devaient tous les vingt-cinq ans un droit d'indemnité pour les terres qu'elles possédaient à Montgeroult. Le droit était d'un an de revenu desdites terres. (I. G.)2°Notre-Dame de Pontoise devait à la Seigneurie un homme *virant et mourant*, à la mort du quel était dû le prix de la ferme des terres qu'elle avait à Montgeroult. Le droit était de 66 livres. (I. G.)

Deux fiefs relevaient de Montgeroult : 1° le fief de *Beyral*, écart de Grisy, consistant en une maison, cour, jardin et lieu, contenant neuf quartiers, et pour ce, devait à la Seigneurie, le jour de la Saint-Remi, 21 sous parisis, et à Noël, cinq boisseaux d'avoine et deux chapons. (A. D.)

2° Le fief de Longueval et des Célestins, sis à Us, comprenant cinquante arpents de terre. Le relief était de 225 livres.

Simon de Dampont, seigneur d'Us, le donna aux Célestins de Mantes moyennant 4 sous parisis de cens, sans autres charges, à condition de participer aux prières des moines. (I. C.)

2° Le fief de *Mabre* ou de *Marbre*, peut-être ainsi nommé à cause des carrières qui s'y trouvaient. Il a pu se trouver dans les carrières dépendant du fief, un calcaire siliceux offrant de l'analogie avec le marbre. Peut-être aussi, ce nom lui fut-il donné à cause de la beauté de l'hôtel Seigneurial qu'il renfermait, et qui au moyen âge, servit d'habitation aux seigneurs de Montgeroult. Il devint, après l'acquisition de la terre par M. de Dosnon, la ferme du chemin d'Ableiges.

Ce fief comprenait soixante arpents et un quartier tant en friche, qu'en garennes, aunaies, prés, jardins et vignes.

Il relevait du fief de Roulebois à Ennery. Le relief était de 66 livres.

3° La *Couture Saint-Martin*, fief de l'Abbaye

de Saint-Martin. Il consistait en trois arpents
de terre sis en la *vallée des Raynettes* et au-
dessus du Moutier.

On a vu que cette Abbaye avait été placée
sous celle de Saint-Denis. Elle possédait encore à Courcelles, la dime des aulx, oignons,
lin et chanvre : *Apud Corcellam decimam al-
liarum, ceparum, lini et canive.* Le 19 février
1400, eut lieu une transaction entre cette abbaye et le curé de Courcelles, touchant ces
mêmes dimes : ce dernier dut payer 20 sous
de rente aux Religieux.

Ils avaient encore la sixième partie de la
dime de Boissy : *sextam quoque partem decime
de Alleria.* (Bulle confirmative des biens de
Saint-Martin, par Alexandre III, du 13 janvier
1159).

4° Le fief de la *Roche,* situé sur le Frichot.
Il consistait dans une maison, jardin et carrière contenant un demi arpent six perches.

Il relevait de la Seigneurie de Puiseux. Le
relief était fixé à un écu sol.

Dans un mémoire écrit en 1640, il est re-
marqué qu'il ne faut pas rendre hommage au

seigneur de Puiseux pour la Roche, qui n'est nullement un fief, et que c'est mal à propos qu'on lui a rendu hommage pour le dit fief.

5° Un autre fief de la *Roche*, consistant dans le moulin de Courcelles et ses dépendances. Il était sur le territoire de Montgeroult, et malgré les prétentions des habitants de Courcelles, il fut déclaré comme devant payer la taille à Montgeroult.

Il relevait de la seignerie de Marines. Le relief était de 330 livres. (I. C.)

6° Le fief de *Clairval*. Il consistait en trente deux arpents de bois, au lieu dit le Pré Monsieur.

Il relevait de la Seigneurie d'Ableiges.

7° Un fief non-nommé relevant du fief Dardel, sis à Cormeilles.

8° Le fief de *Longueval*, sis à Cormeilles et annexé à la Seigneurie de Montgeroult. Il consistait en dix arpents de terre.

Il relevait de la Seigneurie de Cormeilles. Le relief était de 20 livres.

L'hommage se rendait de la manière suivante : Celui à qui appartenait le fief *se transportoit pour faire audit seigneur la foy et hom-*

mage dudit fief, et de fait étant devant le portail du dit hostel, le genouil à terre, la teste nue l'épée et l'éperon otés, auroit dit et déclaré à haute voix qu'il faisoit faict, aurait de faict fait audit seigneur la foy et hommage et serment de fidélité tel qu'un vassal est tenu faire à son seigneur féodal, et en signe de ce, baisé le cliquet de la dicte porte. (Copie sur parchemin communiquée par M. Picot.)

SEIGNEURS TERRIENS.

Avant d'arriver à des données certaines sur la famille de *Montgeroult*, il y a à traverser une période conjecturale dont il n'est pas inutile de parler.

Le Gérold qui donna son nom au village était apparemment seigneur du lieu. L'obituaire de Saint-Martin de Pontoise fait mention d'un *Gérold*, bienfaiteur du couvent, dont on célébrait l'anniversaire le 13 mars. L'Abbaye de Saint-Martin, fondée au onzième siècle, eut de bonne heure à Montgeroult des propriétés provenant peut-être de donations faites par la famille dont on vient de parler.

Dans le catalogue des seigneurs de Normandie depuis Guillaume le Conquérant jusqu'à la

4

conquête du duché par Philippe Auguste, on voit un *Eudes de Montgeroult*. Ainsi cette famille remonte au moins au douzième siècle, et la liste sur laquelle on la trouve, est celle des chevaliers renommés de la Normandie. (Dumoulin, catalogue p. 45.) C'est la seule mention que j'aie trouvée de la famille de Montgeroult.

On a vu que Thibaut le Loup, avait au treizième siècle une partie de Montgeroult, ainsi que Guillaume d'Osny et Raoul de Lio.

Au quinzième, il est fait mention de la famille de Montgeroult dans la personne d'*Agnès de Marbre*. Ce nom était celui d'un fief confondu avec la seigneurie ; il est probable que cette Agnès descendait d'Eudes de Montgeroult.

Elle épousa Jean de Dampont, fils de Gentil de Dampont, chevalier, seigneur d'Us. Don Etiennot dit qu'il vivait en 1399. C'est ainsi que la seigneurie de Montgeroult passa à la famille de Dampont.

Voici ce qu'en dit Don Étiennot : *Nobiliores in Vulcassino familiæ olim hæfuere.....Domini de Dampont.* Dès le commencement du treizième siècle, le cartulaire de Saint-Denis en fait mention. En 1286, on voit Philibert de Dampont, chevalier, et sa femme Agnès.

En 1379, Jean et Simon de Dampont, bienfaiteurs de la confrérie des clercs de Pontoise. (D. E. déjà cité.)

Agnès de Marbre, dame de Montgeroult, eut pour fils Simon et André, dont les descendants se partagèrent la seigneurie de Montgeroult.

BRANCHE DE SIMON.

65. A cette date, il était seigneur de Montgeroult.

Il eut pour fils *Jean*, qui eut deux femmes : Marie de Fouilleuse et Madeleine Cossart.

En 1178, on voit un Gauthier de Flavacourt, ancêtre de Marie de Fouilleuse. Cette maison portait pampelonné d'argent et de gueules, au franc-quartier d'azur, chargé d'une étoile de dix rais d'argent. (D. E.)

En 1614, On voit Robert et Gilles Cossart, chefs de la milice de Pontoise.

1480. Jean eut pour fils : Jean, Guillaume, Antoine et Jeanne, mariée à N. de Longueval.

1500. Il mourut et Antoine céda ses droits sur la seigneurie de Montgeroult.

Après la mort de Jean et de Guillaume, le fief de Montgeroult échut à Jeanne leur sœur. (I. C,)

On voit à cette époque N. d'Auvergne, seigneur de Dampont, marié sans doute à une fille de Guillaume. (P. A.)

Cette famille était de Cormeilles.

Ils eurent deux filles, Marie et Marguerite.

Marie d'Auvergne fut mariée à Jean d'Aligret, un des cent gentilshommes de la maison du roi. (P. A.) Il devint lieutenant civil de Paris. Il hérita d'Antoine de Dampont, et devint ainsi seigneur en partie de Montgeroult. (I. C.) Il eut pour fils Olivier d'Aligre, seigneur de Charentonneau, avocat au parlement de Paris. (Blanchard, les Présidents au parlement de Paris. Annoté par le Laboureur.)

Marguerite d'Auvergne épousa Hugues d'Ailly, seigneur d'Ennery, de Cormeilles et de Montgeroult. (D. H.)

Le nom de d'Ailly est bien connu à Montgeroult. Il appartient à une des plus anciennes familles de Picardie.

En 1153, le nom de *Arnulfi de Alliaco* se lit dans le cartulaire de l'Abbaye de Saint-Jean d'Amiens. En 1183, Simon d'Ailly. (Cart. de Notre-Dame d'Amiens.) .

En 1557, Hercules et Jacques d'Ailly, hommes d'armes dans la compagnie de Léon de Chamborant. (D'. H.)

Hugues d'Ailly eut pour fille Marie, mariée au baron de Bellecourt. (D'. H.)

1565. Cette année-là, Hugues et Claude d'Ailly, écuyers, étaient seigneurs de Montgeroult et d'Ennery. (I. C.)

Hugues eut pour héritiers Claude et Charles d'Ailly.

Claude, dit d'Hozier, est qualifié dans un grand nombre d'actes, *de haut et puissant seigneur*, chevalier, seigneur de Montgeroult, Cormeilles, Lannoy, Clersen, etc., gentilhomme de la reine, chevalier de l'ordre du roi en 1574, et gentilhomme ordinaire de sa maison.

Il eut deux femmes : Jeanne Blondel, fille du baron de Bellebrune et de Tubinghyen, (P. A.) et Catherine de Graveron.

Il eut deux fils : Charles d'Ailly, marié à Claude de Rousselle (I. C.), famille *stirpe nobilissima oriunda*, dit don Etiennot, et Anne d'Ailly, mariée le 10 mai 1582, à Gérard de Cancer, baron d'Olivet et de Pignan, chevalier du roi, capitaine et gouverneur de Ham. (M.)

Claude d'Ailly acquit à Montgeroult les biens et les droits seigneuriaux de Benjamin Hanique, seigneur de Bailleul le Sec. (I. C.)

Pierre de Hanique, dit Benjamin, était écuyer ordinaire de l'écurie du roi, huissier de ses ordres, en survivance de Mathieu Lambert, son beau-père.

Il devint chevalier du Saint-Esprit, (P. A.)

1573. Claude d'Ailly vendit à Jean de Dosnon la portion du fief qui lui appartenait avec René de Blajean. (I. C.)

Charles d'Ailly donna sa procuration pour vendre à Jean de Dosnon tout ce qu'il possédait à Montgeroult.

Le souvenir des d'Ailly s'est conservé jusqu'à nos jours à Montgeroult, dans la cour et la ruelle qui portent leur nom.

Claude d'Ailly, dont la mémoire est surtout

restée à Montgeroult, portait un écu coupé en chef de gueules, aux branches d'allier (ail) d'argent, et en pointe d'un échiquier d'argent et d'azur et de trois traits.

1526. Jeanne, sœur de Guillaume de Dampont, lui succéda dans la seigneurie de Montgeroult et en fit hommage à la seigneurie de Cergy. (I. C.)

Elle était mariée à N. de Longueval, ainsi appelé du fief de ce nom, qui lui appartenait. En 1283, on voit un Aubert de Longueval, chevalier célèbre dans les guerres d'Aragon, sous Philippe-le-Hardi. Il avait pour femme Anne de Meulan, dame de Croissy-en-Brie. (P. A.) La proximité de cette ville me fait penser qu'il s'agit bien ici d'un Longueval de Montgeroult.

Jeanne de Dampont eut trois enfants : Jean, Charles et Marie, tous trois seigneurs du lieu.

Jean était chevalier et seigneur de Longueval, de l'Épine et de Chavres, de Bailleul-le-Sec et autres lieux, écuyer tranchant ordinaire de la maison du roi, capitaine du château et de la forêt de Villers-Cotterêts. (T. L.)

Il fut marié à Barbe de Haste, et eut deux fils, Charles et Marie.

1544. Pierre de la Faye, écuyer, seigneur de Berval, fief relevant de Montgeroult, rend hommage à Jean de Longueval, pour le dit fief. (A. D.) Cette famille portait d'argent fleurdelisé de sable. (D. E.)

1565. Le terrier qui porte le nom de Longueval fut commencé. Il est le plus ancien des cinq qui ont été faits. On pourrait l'appeler le *Livre Généalogique* de Montgeroult. On y voit les noms d'un certain nombre de familles qui subsistent encore aujourd'hui dans le village et les environs: Bignet, Caffin, Chabot, Dubray, Fillette, Flanet, Fontaine, Fournier, Gaudré, Gosse, Guéribout, Landrin, Larchevêque Maître, Picot, Pohier, Soret, Vincent.

Le village avait alors un peu d'importance; on y voit à cette époque un notaire, un chirurgien, un tailleur de pierres, un tailleur d'habits, un tisserand.

1583. *Charles* succéda à son père dans la seigneurie. Il était écuyer, seigneur de l'Espines, Chavres, Artouviliers. Bailleul-le-Sec en partie, capitaine du château et de la forêt de Villers-Cotterets (T. L.)

1612. Il céda tous ses droits sur Montgeroult à son beau-frère Jean de Dosnon. Le fief de Longueval, et le fief de Marbre passèrent aussi à ce dernier.

Louise de Longueval, sœur de Charles, épousa Réné de Blajean, écuyer, seigneur de la Mothe, capitaine et sergent-major des gardes du roi. (I. C.)

1600. René de Blajean céda à son beau-frère Jean de Dosnon, tous ses droits seigneuriaux sur le pays, en sorte que ce dernier resta seul propriétaire des biens provenant de la succession de Simon de Dampont.

BRANCHE D'ANDRÉ.

André, fils de Jean de Dampont et d'Agnès de Marbre, était seigneur d'Us, de Cormeilles, de Montgeroult, et en partie de Liancourt. (D'. H.)

Il avait épousé Catherine Mignot, fille de Hamon Mignot, écuyer, seigneur du Déluge et de Montigny la Patière, fief mouvant du déluge, près de Méru, et de Jeanne Polard. Ils eurent une fille : Péronne de Dampont, mariée a Hector de Gadancourt, morte sans postérité. (D'. H.)

L'héritage d'André fut partagé entre son frère et sa veuve qui eut pour héritier *Adrien* Mignot, seigneur de Bieuvedant et de Montgeroult en partie.

Il eut deux fils: Quentin, seigneur de Montgeroult et de Bieuvedant en 1488, et Suzanne de la Mothe, femme d'Avise de Guenouille.

1588.   Quentin Mignot était seigneur de Montgeroult.

Il vendit à Jean de Dosnon ce qui lui appartenait du fief des Dampont.

On voit au seizième siècle à Montgeroult, d'autres Dampont dont il n'est pas possible d'établir la généalogie.

Perrete de Dampont fut mariée à Simon Godin et à Michel de Bourdeille. Les descendants de cette famille devinrent receveurs du château.

Cette famille de Dampont était très nombreuse. Il est probable que tous ceux que l'on trouve à Montgeroult au seizième siècle comme laboureurs, vignerons, marguilliers, étaient des bâtards.

Noble homme Jean de Dampont. Guillaume de Dampont cité avec cette rubrique : *bastart*. Il avait une pièce de terre tenant d'un côté à Jean de Dampont. Georges de Dampont, laboureur de vigne, marguillier. Il avait pour fils Quentin de Dampont.

On voit encore Nicolas, Louis et Pierre de Dampont.

Cette famille eut la seigneurie d'Us jusqu'au siècle dernier. Les derniers rejetons furent un seigneur d'Issou dont la sœur était dame de Louveau, et les Seigneurs de Joinville et de Boart. (D. E.)

Les armes des sires de Dampont se voient sur une pierre tombale de l'église d'Us : fasce avec un lion léopardé en chef, sommé d'un tortil.

Le fond était d'argent, la fasce et le lion de sable.

SEIGNEURS EN TOTALITÉ DE MONTGEROULT.

JEAN I DE DOSNON.

Jean de Dosnon, par l'acquisition successive de biens provenant de la succession d'André et de Simon de Dampont, et des droits seigneuriaux de l'Abbaye de Saint-Denis, devint seigneur en totalité de Montgeroult.

Charles de Longueval lui céda tous ses droits sur Montgeroult pour la somme de 15,446 livres.

Jean de Dosnon était conseiller du roi, commissaire ordinaire de ses guerres, contrôleur général de ses bâtiments, Seigneur de Châtres en Brie et autres lieux.

Il épousa Marie, fillé de Jean de Longueval.

Il eut pour fils Jean Médéric et Jean, sei-gneurs de Montgeroult; Antoine, seigneur de Châvres; Madeleine, dame de Villepescle, près de Corbeil, mariée à Pierre de la Fontaine, sei-gneur de Bachet et de Villepescle, commis-saire de l'artillerie du roi. (P. A.)

Elle eut pour fils N. de Villepescle, marié à Anne d'Amour, fille du seigneur de Courcelles.

Au siècle dernier, on voit Philippe d'Amour, seigneur de Courcelles, *morum probitate et natalibus clarus.* (D. E.)

Jean de Dosnon est avec ses descendants, le créateur du parc et du château actuel.

En 1600, le 29 septembre, les lettres paten-tes qui lui permettaient de faire mettre et poser dans les détroits de sa terre, fourches patibu-laires et carcan, furent données à Chambéry par Henri IV, dans son expédition contre la Savoie. (T. D.)

Jusqu'en 1609, M. de Dosnon, quand il ve-nait à Montgeroult, résidait dans la maison qu'il avait achetée du sieur de Longueval et qui lui servait d'hôtel seigneurial.

La justice s'y rendait. Dès 1603, il l'avait

agrandie et entourée à nouveau d'un enclos et d'un grand parc.

Il n'est parlé du château actuel qu'indirectement en 1640, où le parc fut créé. C'est donc entre 1609 et 1640, qu'il fut construit.

Il est un beau spécimen du genre Louis XIII, que l'on prétend être excessivement rare aujourd'hui. Les fenêtres plus allongées que sous le règne suivant, les toits aigus, les lucarnes surmontées de globes et alternativement arquées et triangulaires, ont un aspect qui rappelle la Renaissance proprement dite.

Voici la description du château faite d'après le Terrier le Féron en 1686 :

Un très-beau château couvert d'ardoises, avec quatre pavillons aux quatre coins des cours et avant-cours, aussi couverts d'ardoises, une basse-cour où sont les écuries et bûcher, le tout couvert de tuiles.

1616. Jean de Dosnon fut le parrain de la cloche actuelle.

1623. Il réunit les héritages acquis à la Seigneurie de Montgeroult, afin qu'ils fussent partagés entre ses héritiers, comme nobles et de nature de fief, faisant partie de ladite terre. (I. C.)

Jean II de Dosnon.

630. Jean II, écuyer, deuxième fils de Jean I, lui avait succédé dans la terre de Montgeroult.

Il épousa Élisabeth de Long, de la famille des Seigneurs de Lorme. (A. M.)

On voit parmi les chevaliers à bannière qui prirent part à la bataille de Bouvines, un Hugues de Lorme, chevalier du Vexin. (Laroque.)

640. Il acquit vingt arpents pour la création du parc : *Un fort grand parc enclos de murs, planté de beaux bois, jardin et terres labourables, contenant vingt arpents environ.* (T. F.)

La pelouse était plantée en jardin français, avec un bassin au milieu, et une terrasse à droite. On y montait par un escalier à trois faces, terminé par une plate-forme.

Il en reste encore la belle allée d'ormes qui se trouve à gauche.

La même année, Louis fit une convention avec Jean Duchaine, prêtre du lieu, d'après laquelle il s'engageait à lui payer 19 livres par an, prix de la dîme des vingt arpents qu'il avait achetés de différentes personnes et enclos dans son parc. (I. C.)

1643. Il donna à l'Eglise la chaire à prêcher actuelle.

1644. Il obtint des habitants la permission d'ouvrir une porte pour entrer de son parc dans l'Église, à condition de faire une sacristie, le tabernacle, et d'appuyer le maître-autel au mur de l'Eglise. (I. C.)

Il demeura quitte et déchargé des 19 livres qu'il payait au curé, au moyen d'une transaction par laquelle le curé devait recueillir la totalité des menues dîmes (A. D.)

1656. Il fit un échange avec Antoine Patte, vigneron, par lequel il lui bailla une place dans laquelle serait bâtie une maison en appentis avec une carrière et un petit morceau de terre y joignant.

De son coté, Patte céda à M. de Dosnon tout ce qui lui appartenait dans un jardin sis au lieu dit la Roche, situé sur le Frichot. (I. C.)

JEAN MÉDÉRIC DE DOSNON.

1670. Jean Médéric, chevalier, fit aveu et dénombrement pour la totalité de la seigneurie.

1683. Le 16 janvier, il fut forcé d'abandonner la terre de Montgeroult à ses créanciers qui la vendirent. (T. F.)

La famille de Dosnon portait d'or aux trois hures de sanglier allumées, languées de gueules et défendues au naturel.

Avant les Dosnon, le village avait une tout autre physionomie qu'aujourd'hui ; la propriété était plus morcelée : c'est encore un avantage à ajouter à ceux dont les religieux dotèrent le pays, qui était plus peuplé et plus prospère qu'il ne le fut depuis.

ANTOINE LE FÉRON.

Le 21 juillet, Antoine le Féron acquit la terre de Montgeroult pour 105,000 livres. (I. C.)

Il avait été lieutenant criminel. (Blanchard, les Présidents à mortier au parlement de Paris, annoté par Le Laboureur. B. N.)

Il était d'une famille de robe originaire de Picardie. En 1362, dans un acte de Saint-Martin de Picquigny, on voit un Jean le Féron. En 1629, Oudart le Féron était président aux enquêtes (Blanchard.)

Il avait pour femme Marguerite Hennequin. Cette maison tirait son origine de Troyes en Champagne ; pendant 300 ans, elle occupa les principales charges de la robe et de la finance à Paris.

Marguerite Hennequin était fille de François Hennequin, conseiller du roi en son grand conseil, et d'Anne Pingré. Elle était sœur de Louis-François, écuyer au grand conseil, puis procureur général. Il était seigneur de Charmont. (A. M.) Cette famille portait vairé d'or et d'azur, au chef de gueules chargé d'un lion léopardé d'argent.

Antoine eut deux enfants: Claude et Marguerite.

1684. Le 7 décembre, Antoine le Féron paya le droit de relief pour la terre de Montgeroult.

1685. Marguerite Hennequin fut marraine de la moyenne cloche (A. M.)

1686. Le 4 août, M. le Féron, acheta deux maisons au lieu dit le *bout de la rue du Four*, à la condition de les faire reconstruire exactement au lieu appelé la Cour d'Ailly, et dans le fond de la cour d'Ailly. (M. Picot.)

Il construisit l'école qui était en face du presbytère actuel. Elle était de fondation seigneuriale et appartenait au domaine.

Le 15 septembre, les habitants déclarent qu'il sont contents de la nouvelle école que M. Le Féron a fait bâtir près de l'Église, l'en quittent et déchargent.

Antoine Le Féron mourut le 15 novembre, et fut inhumé dans la chapelle seigneuriale de Saint-Jean. (A. M.)

CLAUDE LE FÉRON.

Claude Le Féron, chevalier, resta sous la tutelle de sa mère jusqu'en 1692. (T. F.)

Elle écrivit de sa main un mémoire concernant la réparation de l'église. (I. C.)

1688. Antoine Le Féron fut exhumé et enterré dans un caveau que sa veuve lui fit faire dans la chapelle Saint-Jean. (A. M.)

1701. Elle vendit la terre de Montgeroult à Louis Chevalier.

Il existe encore aujourd'hui des descendants des Le Féron de Montgeroult.

La famille Le Féron portait de gueules au sautoir d'or, accompagné en chef et en pointe de deux étoiles de même, et en flanc de deux aigles aussi d'or.

Louis I Chevalier.

Louis Chevalier était fils de Louis Chevalier, écuyer, seigneur de Bagnolet, Saint-Hilaire, la Varenne et autres lieux, conseiller secrétaire du roi, un des quarante fermiers généraux de sa majesté, receveur général des finances de Metz, et de Marguerite Etienne.

Ils eurent pour fils : Louis, seigneur de Montgeroult; Philibert-Antoine, seigneur de Montigny; Armand, maître d'hôtel ordinaire de Charles de Bourbon, duc de Berry; François, seigneur de Saint-Hilaire, lieutenant aux gardes-françaises; Louis-André, chanoine de Saint-Augustin, prieur de Saint-Éloi de Longjumeau. (A. M. passim).

Louis Chevalier, seigneur de Montgeroult, était chevalier, conseiller du roi en la cour des aides, puis président de la haute cour de parlement, seigneur de Bagnolet, du Boisy, de Témericourt, de Longueval et autres lieux.

Il épousa Marie-Anne Fermé, dont le père était conseiller au parlement (A. M.)

Ils eurent de ce mariage Louis II, seigneur de Montgeroult; Marie-Réné; Marguerite, mariée en 1717 à Jean-Antoine Rangin, conseiller du roi en ses conseils, et secrétaire du conseil et directeur des finances; Marguerite-Marie, mariée à François Gaspard Masson, chevalier, conseiller du roi en ses conseils, maître des requêtes ordinaire de son hôtel, fils de Jean-François Masson, écuyer secrétaire du roi, receveur général de la généralité d'Amiens, et d'Anne Mollien. (A. M.)

Le 27 octobre, Louis Chevalier acquit la terre de Montgeroult pour 135,000 livres.

Il fit de nombreuses améliorations à la terre de Montgeroult, et des réparations à l'Eglise.

Dans les premières années du séjour de ce magistrat à Montgeroult, une des illustrations du règne de Louis XIV habita le château.

De nos jours aussi, une des gloires de l'Eglise, Monseigneur Dupanloup, affectionnait les ombrages de Montgeroult et venait méditer sous les arbres de la *Plantation*.

Le cadran solaire du potager du château est dédié au cardinal de Furstemberg, Evêque de Strasbourg, et Abbé de Saint-Germain des Prés, d'une des premières familles d'Allemagne. Ce prince fut en grande partie la cause de la guerre de 1688 ; le prince de Bavière l'emporta sur lui dans l'élection à l'Évêché de Cologne, et

Louis XIV en conçut un si vif chagrin, que ce fut la principale cause de la guerre qui se termina par le traité de Ryswick.

L'inscription est conçue en ces termes :

Horologium horizontale cum longitudinibus seu meridianis civitatum totius mundi celeberrimarum.

Eminentissimo, reverendissimo et celsissimo principi ac domino Guillelmo Econi, sacræ romanæ Ecclesiæ cardinali, episcopo et principi argentinensi, administratori abbatiæ stabulensis, commendatori Sancti-Germani de Prato, landgravio Alsatiæ et de Furstemberg, comiti de Heilagemby, Weidembourg et de Loigne.

En français : cadran solaire avec le méridien des villes les plus célèbres.

A son Eminence Guillaume Egon, Cardinal de la Sainte Eglise Romaine, Evêque et Prince de Strasbourg, Abbé commendataire de Saint-Germain des Prés, administrateur de l'abbaye d'Etables ! landgrave d'Alsace et de Furstemberg, comte de Heilgemby, de Weidembourg et de Loigne.

Il mourut en 1704.

La même année, le Président Chevalier

acheta le presbytère, et fit construire sur son emplacement, les communs que l'on voit aujourd'hui.

Le 6 décembre, Louis Chevalier, ci-devant président de la première chambre des enquêtes du parlement, fut nommé président honoraire des enquêtes et requêtes. (Etat de là France.)

1707. Le 19 novembre, par un acte d'assemblée des habitants de Montgeroult, il fut mis en possession de la rue qui était tout le long du mur de l'avant-cour du château, à la charge d'en rendre une autre au-dessus et tout le long des murs du jardin du nouveau presbytère. (I. C.)

Les communs doivent donc être de cette époque.

1710. Le 20 mars, il fit un accord avec François Testu de Balincourt, seigneur d'Us, d'après lequel la rente de 19 setiers de grain due par les seigneurs d'Us fut convertie en 200 livres d'argent. (I. C.)

Le 14 mai, mort de Marie Anne Fermé, femme du président, qui fut inhumée dans la chapelle Saint-Jean (A. M.)

1713. Le 15 mars, il rendit hommage aux dames de Saint-Cyr, qui étaient aussi dames de Cormeilles, pour le fief de Longueval. (A. M.)

1715. Louis Chevalier. père du président, mourut et fut inhumé dans l'Eglise. (A. M.)

1723. Le président fit construire la citerne de la cour du château. Voici l'inscription qu'il y fit mettre :

Regnante Ludovico XV, Ludovicus Chevalier vir nobilis, regi a consilio in supremo Parisiorum senatu præses, Pagorum Montgeroult, Temericourt, Boisy et aliorum locorum Comarchus, perennem hunc sine scatebrâ fontem in nativa aquarum penuria aperuit, anno post Christum natum MDCCXXIII.

En français : Louis XV régnant, Louis Chevalier, homme noble, Président des conseils du roi à la haute cour du parlement de Paris, seigneur de Montgeroult, le Boisy, Téméricourt, et autres lieux, ouvrit cette citerne, dans le manque d'eau naturel du lieu, l'an de l'incarnation 1723.

Il fit aussi un plan pour faire venir les eaux de Frémécourt et de Cormeilles. (I. C.)

1728. Il donna le plan du rétable et du maître-autel, et en fit don à l'Église ainsi que du tabernacle.

Ce rétable atteste le goût artistique du président, en même temps que les inscriptions ci-dessus témoignent de son goût littéraire.

Le président Chevalier, collègue des Lamoignon et des d'Aguesseau, est avec madame Gautier, le personnage le plus remarquable qui ait paru à Montgeroult.

LOUIS II CHEVALIER.

1736. Louis II, fils ainé du président, reçut de son père la seigneurie de Montgeroult, par son contrat de mariage du 26 juillet, avec Élisabeth Leclerc, fille de Henri Leclerc, écuyer, seigneur de la Rançonnière, Mantaille et autres lieux, et de Marie-Élisabeth Mitaullier. (A. D.)

Le 12 décembre 1727, Louis II avait été reçu conseiller de la cinquième chambre des enquêtes. (État de la France.)

750. Il vendit la terre de Montgeroult à Jacques-André Gautier.

Le président Chevalier portait d'azur à la fasce d'or, à la molette de même en chef, sommé d'un mortier. (Tableau du maître-autel.)

Jacques - André Gautier.

Le 9 mai, il acquit la terre de Montgeroult.
Il était écuyer, conseiller du roi depuis 1745,
(Etat de la France), payeur des rentes à l'Hôtel-
de-Ville de Paris.

Il épousa Angélique-Marguerite Péan, dont
il eut André-René et Guillaume René.

1758. Il fit l'acquisition de quelques pièces de terre
pour une maison sise devant la grille du Château. (I. C.)

La tradition locale atteste que le seigneur
employait pour s'agrandir, des moyens plus
ou moins immoraux. Le villageois, attiré au
Château, grisé et retenu des jours entiers, n'en
sortait qu'après avoir signé le contrat de vente
de son héritage.

Guillaume-René Gautier.

1766. A cette époque, il avait succédé à Jacques
dans la seigneurie. (A. M.) Il était écuyer, seigneur de Lusigny, conseiller du roi en tous ses
conseils, trésorier général de sa maison.

Il épousa Anne-Marie-Elisabeth Marsollier,
dont l'histoire offre un vif intérêt.

Elle était fille de René Marsollier, secrétaire du roi de la même promotion que Guillaume Gautier, (Etat de la France), et comme lui payeur de rentes à l'Hôtel-de-Ville. Il était d'une haute piété; sa mère, dit un biographe, était belle, spirituelle, aimable.

Mme de Montgeroult était douée d'un talent incomparable pour la musique, et l'une des plus aimables personnes de son temps. Elle avait captivé le seigneur de Montgeroult, qui s'éprit pour elle d'une belle passion. Quoique beaucoup plus âgé qu'elle, il l'épousa, et cette union fut heureuse. Anne Marsollier ne fut pas seulement une grande artiste, mais une mère tendre et une épouse irréprochable.

L'auteur de la notice à laquelle j'emprunte presque tous les détails de cette biographie, est un Eugène Gauthier qui doit être un descendant d'Anne, si l'on en juge par la tendresse toute filiale qui règne dans ses articles.

Mme Gautier, quoique bien oubliée aujourd'hui, est une des virtuoses qui ont fait du clavecin un piano. Elle fit résonner sous ses doigts le premier piano-forté de Sébastien Erard, et fut, au dire de ses contemporains, un talent de premier ordre.

Elève de Dusseck pendant les dernières années du dix-huitième siècle, elle charma la cour et la ville.

Liée d'une amitié pure et durable avec le grand violoniste Viotti, ils se faisaient souvent entendre ensemble, et accomplissaient des merveilles d'improvisation à deux.

Ces merveilles sont racontées par un témoin, M. d'Ey...., préfet du Léman, qui atteste tout cela dans une brochure aujourd'hui très-rare, qui parut à Genève, l'an 8 de la République. Elle est écrite dans le genre de Rousseau, avec des exclamations comme celle-ci : O Viotti, ô amitié, ô charme des beaux arts ! La forme interrogative abonde: « quoi, la France t'aurait-elle perdu pour toujours ? quoi, serais-tu donc devenu la conquête d'une terre étrangère? »

Voici le portrait des deux amis qui arrachèrent de si belles exclamations. Celui de la grande artiste est conservé dans un trumeau du château de Montgeroult : elle est représentée dans un goût aussi affecté que les phrases qu'elle a inspirées; comme madame Dubarry au Château de Versailles, elle a à ses pieds un négrillon qui lui sert de repoussoir, et qui rappelle Zamore, le jouet de la favorite de Louis XV; à côté d'elle est un sphinx.

Cette allégorie (si l'on en croit son biographe), est loin d'être mensongère, car M^mo de Montgeroult, une des personnes les plus aimables de son temps, aurait été aussi un modèle de sagesse et de fidélité.

Son ami Viotti avait une physionomie douce et sensible: sa taille svelte, ses longs et blonds cheveux le faisaient rechercher par une cour qui avait épuisé toute les jouissances et qui en était toujours avide.

M^mo Gautier donna à Montgeroult des fêtes brillantes dont la mémoire n'est pas encore effacée parmi nous.

On se représente le château dans sa situation magnifique, avec sa façade grandiose et ses vastes cours, recevant des décorations et des illuminations splendides, en même temps que les allées du parc ouvertes à la foule ébahie des vassaux de Montgeroult, étaient sillonnées par ce qu'il y avait de plus distingué dans la noblesse du Vexin.

On se rappelle encore une fête chinoise donnée la nuit, où M^mo de Montgeroult, costumée en dame du céleste Empire, [ce qui annonce chez elle une beauté d'un genre assez rare, (on prétend qu'elle était créole,) vendait des chinoiseries dans la cour du Château illuminée à la manière fantastique des chinois.

Les carrières de Montgeroult servirent à des fêtes mythologiques dans le genre de Florian.

Un berlingot, oublié dans un coin du Château, est une relique qui rappelle les plaisirs de cette société frivole et légère, qui dansait sur un volcan, selon un cliché de notre époque. Tous ces divertissements devaient avoir un terrible lendemain.

Les archives de la commune ont gardé un souvenir de la merveille musicale du siècle dernier.

1766. Le 14 septembre, Mme de Montgeroult fut marraine de Séraphin Richoux, fils du jardinier du Château, avec Antoine-Séraphin Baudouin, chevalier, seigneur de Soupir et autres lieux, lieutenant-général des armées du roi, ci-devant premier gentilhomme du roi de Pologne, duc de Lorraine et de Bar, grand bailli d'épée du baillage de Bourmont, chevalier de Saint-Louis.

Elle signa au registre : *Marsollier de Montgeroult.*

Elle introduisit dans le village le goût de la musique. Les habitants venaient chanter sous sa direction dans le grand salon du Château.Les leçons de la grande virtuose ont laissé une impression profonde parmi nous; la meilleure preuve peut-être du talent extraordinaire de Mme de Montgeroult est le goût ardent de la musique, universellement répandu encore aujourd'hui et resté populaire dans le pays à travers les événements de la révolution.

L'esprit d'indépendance qui anime les artistes, amena Viotti à cesser ses concerts plusieurs années avant la révolution.

Viotti avait été invité à se faire entendre à Versailles. La reine venait d'entrer, et Viotti, son violon sous son bras, avait donné le signal. Il avait déja fait entendre quelques uns de ses brillants accents, lorsque M. le comte d'Artois entra, précédé de ses valets de pied, et entouré d'une suite nombreuse. Le concert fut interrompu. Il recommença quelques instants après. Silence! Viotti va se faire entendre. Mais le comte d'Artois ne peut tenir en place. Il marche dans le salon, et adresse assez haut la parole à des dames. Viotti met son violon sous son bras, ferme son cahier et sort, laissant là le concert, son altesse royale et sa majesté, au grand scandale des spectateurs.

Viotti et Mme de Montgeroult ne se firent plus entendre en public que quelques années après.

1790. Un député de l'assemblée constituante, ami du célèbre artiste, obtint de lui qu'il se fît entendre encore une fois, et Viotti avait consenti, à condition que la séance aurait lieu chez le député qui logeait à un cinquième étage, dans une des rues du vieux Paris.

» Des princes, malgré l'orgueil du rang, de » grandes dames en dépit de la vanité des titres, » de jolies femmes et de petits messieurs, mal- » gré leur faiblesse, montèrent pour la pre- » mière fois un cinquième étage. » !!!

Assez longtemps, disait le virtuose dans le style du temps, nous sommes descendus jusqu'à eux, il faut qu'ils montent jusqu'à nous.

La nouvelle salle du concert n'avait pour tout ornement que le buste de Rousseau. La séance fut magnifique : on y entendit Garat, Hermann, Rod, le brillant élève de Viotti ; le talent de Mme de Montgeroult excita des transports d'enthousiasme, et cependant Steibelt jouait dans le concert.

791. Guillaume Gautier donna déclaration du fief de Berval relevant de Montgeroult. (A. D.)

C'est la dernière fois qu'il est fait mention du seigneur de Montgeroult dans les archives.

Les jours mauvais étaient arrivés ; M. Gautier, un des officiers de la maison du roi, fut ararrêté et emprisonné.

792. Le Château de Montgeroult, mis en vente, fut acheté par M. de la Tour de Scorailles.

Mme de Montgeroult, que son titre de marquise et ses relations aristocratiques désignaient à la haine des révolutionnaires, fut enfermée à la Conciergerie.

Les membres du comité de salut public auraient fait tomber sans scrupule la tête *harmonieuse* de Mme de Montgeroult. Heureusement pour la célèbre artiste, son ami Sarette, directeur du Conservatoire, osa pénétrer dans l'antre où le terrible comité tenait ses séances, et vint réclamer Mme de Montgeroult, disant que l'établissement qu'il dirigeait ne pouvait se passer du plus grand professeur de piano qui existât en France.

La raison paraissait puérile aux montagnards : il y eut un moment de silence qui sembla à l'avocat de la prévenue durer un siècle. Deux ou trois membres du comité dormaient, écrasés de fatigue; on respirait dans cette pièce froide une atmosphère propre à glacer le corps et l'âme. Enfin, le président sortant de sa rêverie, agita une sonnette et un huissier entra. Il reçut l'ordre donné tout haut de faire avancer à la barre Mᵐᵉ de Montgeroult ; le président compléta son ordre par quelques paroles dites à voix basse. Sarotte trembla; il craignait, en attirant l'attention du comité sur sa pauvre amie, d'avoir décidé sa mort.

Au bout d'un instant, un remue-ménage se fit dans l'antichambre de la salle; des chaises tombèrent, et on entendit des voix animées. La porte s'ouvrit à deux battants, et l'on vit entrer, portée par deux patriotes, une caisse longue que les yeux troublés de Mᵐᵉ de Montgeroult prirent pour un cercueil : c'était un piano.

Derrière l'instrument, entre deux gendarmes, parut Mᵐᵉ de Montgeroult, pâlie par l'émotion et par plusieurs jours de captivité et d'angoisse. Citoyenne, dit le président, on assure que l'institut national de musique ne peut se passer de toi et de ton talent, dont nous avons voulu juger par nous-même. Assieds-toi là, et joue nous la Marseillaise.

Ce n'était pas le moment de se faire prier. Interdite et tremblante, Mme de Montgeroult se laissa tomber sur une chaise, devant le piano qui, dit-elle plus tard, n'était peut-être pas d'accord, et elle commença cette tâche facile pour elle, de jouer l'hymne de Rouget de l'Isle.

Il était permis d'avoir peur. Après avoir joué une fois l'air demandé, l'artiste reprit, en y introduisant quelques timides variations destinées à faire briller un talent incomparable. Mettant à profit son grand talent d'improvisatrice, elle promena le thème sur les divers tons voisins de celui où elle avait commencé. Jetant alors à la dérobée un regard sur le terrible aréopage, elle vit que le président souriait.

Les plumes avaient cessé de grincer sur le papier; tout le monde était éveillé. Deux membres du comité dodelinaient la tête dans leurs immenses cravates; un petit murmure qui allait devenir un fredonnement, planait sur le tribunal.

Mme de Montgeroult redoubla d'efforts.

Ramené au ton principal par un formidable *crescendo* qui faillit faire éclater la poitrine du frêle instrument, le thème sacré reparut tout à-coup à la main droite, accompagné de larges arpèges.

Le président n'y tint plus; il se leva, et imité par ses collègues, il entonna d'une voix tonnante l'hymne national. A ce bruit, la porte s'entrouvrit; les huissiers souriant joignirent leur voix à celle des commissaires; plus loin, les deux soldats qui gardaient la porte de l'escalier, laissant retomber bruyamment leurs fusils sur les dalles de pierre, se mirent à entonner leur chant favori.

Pendant ce temps, la mélodie guerrière, égrenant ses notes sonores d'étage en étage, on entendit jusque dans la cour, des voix lointaines répéter: aux armes, citoyens!

Lorsque le délire général fut un peu calmé, le président prit la parole, et prononça cette courte allocution: Citoyenne, nous voyons que tu es une bonne patriote, et nous t'acquittons des accusations portées contre toi: viens recevoir l'accolade fraternelle. Mme de Montgeroult se résigna, et dûment embrassée, devenue sacrée, elle suivit Sarette, et franchit, pour rentrer dans la vie, cette porte que tant d'autres n'avaient repassée que pour aller à la mort.

Son mari, moins heureux qu'elle, fut guillotiné.

Après de tels orages, on aime à retrouver notre héroïne retirée au milieu de ses parents, sous les paisibles ombrages de la vallée de Montmorency. Quelques années plus tard, elle fut réunie à son fidèle ami Viotti.

M. d'Ey... a jugé convenable de transmettre à la postérité quelques-unes de ces réunions sentimentales. Elles offrent un curieux tableau de mœurs de cette partie de la nation trop éprouvée pour être ridicule, et qui fut victime de la révolution et de la terreur. On ne peut voir un contraste plus frappant avec les mœurs de la génération révolutionnaire.

« Le ciel promettant un beau jour, je vis arriver Viotti: il arrivait m'annoncer les brillantes couleurs de l'aurore, et sur la foi d'un horizon sans nuages, nous partîmes dans un rapide char!» Ils arrivent tous deux à la campagne de Mme de Montgeroult et, en attendant son réveil, ils pénètrent dans les jardins. M. d'Ey... dé-

point alors Viotti se mettant tout en nage en
poursuivant un papillon.

« Il était en colère de ne pouvoir l'atteindre,
et lorsqu'enfin il était parvenu à s'en saisir, à
peine avait-il un instant admiré ses brillantes
ailes, que ne pouvant soutenir l'idée de son es-
clavage, et cédant aux premiers efforts que le
malheureux captif faisait pour s'échapper de
ses mains, il se hâtait de le rendre à la liberté.
Tout-à-coup des sons frappent mon oreille.
Ah ! c'est Euterpe, qui pourrait s'y tromper ?
J'accours et je la trouve préludant sur le piano.
Viotti, qui est déjà près d'elle, ne s'aperçoit
pas de mon arrivée ; il est profondément occupé à réunir, à déplacer, à rapprocher encore
des fleurs qu'il a cueillies, et qu'il cherche à
assortir dans un bouquet... Lorsque les chants
d'Euterpe deviennent expressifs,..., alors Viotti
l'écoute avec une extrême attention, peu à
peu les fleurs qu'il oublie s'échappent de ses
mains, il se lève sur la pointe du pied, va
chercher son violon et l'accorde doucement...

Pendant qu'ils improvisent ainsi, les heures
se passent et le jour commence à baisser ; la
mélancolie qui s'empare de Viotti au déclin du
jour, pèse plus fortement encore que de cou-

tume sur son cœur. Euterpe reste quelque temps immobile et silencieuse, tout-à-coup elle se lève avec vivacité, elle demande qu'on ferme les fenêtres, et qu'on apporte un flambeau; tandis qu'on obéit à ses ordres, elle jette un voile sur sa tête, elle allonge les plis du mouchoir qui couvre son sein, elle drape en forme de linceuil funéraire le vêtement qui la couvre, et va se placer dans le fond du salon sur un sofa. Là, à demi couchée, elle donne à son attitude, à ses traits, à sa physionomie le caractère et l'expression d'une femme qui, étendue sur un tombeau, se réveille au sein de la mort.

Tel est le spectacle qui s'offre à nos regards, lorsque la lumière arrive. Comment trouvez-vous, nous dit Euterpe, cette figure de monument ? L'effrayante vérité de cette imitation nous jette dans le plus grand étonnement et dans une sorte d'effroi; Viotti, troublé, sort de la chambre. Quelques moments après, Euterpe ayant repris sa forme ordinaire, je la suis dans le jardin. »

Cette scène incroyable se passait à l'époque le plus sanguinaire de notre histoire. Il ne faudrait pas croire toutefois, d'après l'imbécile brochure du préfet du Léman, que

Mᵐᵉ de Montgeroult coulât les jours de son veuvage dans une élégie continuelle, sans franchir les murs de la vie privée, on peut dire qu'elle mena la vie fort peu pastorale, très-positive et très-matérialiste du monde du premier empire.

1824. Son ami Viotti la précéda de douze ans dans la tombe.

1836. Elle mourut à Florence. Elle avait épousé en secondes noces le comte de Charnage.

Guillaume Gautier portait d'azur au glaive de ..... supports: deux lions. (D'après un plan conservé à la mairie.)

Je me suis surtout servi pour la notice de Mᵐᵉ Gautier 1º de deux articles du Grand Journal avec ce titre: deux virtuoses au XVIIIᵉ siècle par Eugène Gautier, 2º de la tradition locale.

Le dernier Seigneur de Montgeroult mourut donc sur l'échafaud. Le château appartint depuis à plusieurs propriétaires dont je vais donner les noms et les armes, car ils forment une suite naturelle à la liste des Seigneurs de Montgeroult.

Jean-Joseph de la Tour de Scorailles.

Fille : Adélaïde-Catherine de Scorailles, mariée au duc de Langeac.

M. de Scorailles était de la famille de la célèbre duchesse de Fontanges, Marie - Angé-
lique de Scorailles de Roussille, née en 1661,
d'une ancienne famille de Rouergue, qui fut
la maîtresse de Louis XIV. Mme de Sévigné
a raconté l'histoire de cette dame d'honneur,
qu'elle désigne sous le nomde *chat gris*. L'abbé
de Choisy dit qu'elle était belle comme un
ange, et sotte comme un panier.

Quoi qu'il en soit :

Jamais catau de roi ne sut mieux son métier,

Car ses dernières paroles furent celles-ci : Je
meurs heureuse, puisque mes derniers regards
ont vu pleurer mon roi.

La famille de Langeac ou plutôt Langhac, était
une des anciennes maisons d'Auvergne, originaire de Langeac, diocèse de Saint-Flour.

M. de Scorailles, mis en surveillance comme
noble, était tenu de se présenter tous les jours
à la mairie de Montgeroult, pendant la révolu-

tion Ces nobles internés étaient souvent en butte à de mauvais traitements.

1802. Le 8 nivôse an 11, (29 décembre) Mme de Scorailles-Langhac mourut à Paris et fut inhumée à Montgeroult, dans le caveau qui se trouve devant le porche de l'Eglise. (A. M.)

1803. M. de Scorailles donna à l'Eglise des ornements et les vases sacrés.

1813. Quelques années plus tard, il donna la croix et les chandeliers du maître-autel.

Il fut forcé de vendre le château, qui fut acheté par M. Truffaut, meunier. La famille de Scorailles portait d'azur à trois bandes d'or.

Enfin, le château passa à M. le baron Albert de Bray, originaire de Normandie, qui porte d'argent, au chef de gueules, chargé d'un lion léopardé d'argent; supports: deux lions.

L'EGLISE.

La paroisse de Montgeroult était de l'arche-vêché de Rouen, grand-vicariat de Pontoise, doyenné de Meulan. Elle rapportait 900 livres, d'après un pouillé de l'Abbaye de Saint-Denis, de 1411.

La paroisse de Boissy ne rapportait que 800 livres, celle de Sagy 700, celle d'Ableiges 400. Au siècle dernier, elle rapportait 929 livres, parmi lesquelles il y avait 20 livres de rente faite par les seigneurs de Montgeroult. Le curé recevait 100 livres par an pour acquitter les fondations.

Les Abbés de Saint-Denis étaient patrons de l'Eglise. A l'origine, les religieux durent desservir par eux-mêmes la paroisse; lorsqu'il y eut un curé, ils lui cédèrent les menues dîmes et gardèrent pour eux les grosses dîmes dont cependant il prenait deux gerbes sur cinq.

L'ancienne cure possédait deux arpents quatre-vingt-douze perches de terre. (A. E.) Voici la description de l'ancien presbytère, partie des communs du château qui avoisine l'Église :

Une maison, cour, grange, écurie, étable, jardin et lieu comme il se comporte, vis-à-vis la cour de l'Église, tenant d'un côté Jean Chabot, de l'autre la rue (devant le château,) *d'un bout le cimetière, d'autre bout la veuve Antoine Joysel.* (T. F.)

Il était chargé de quatre deniers de cens annuel envers la seigneurie, payables le jour de l'octave de Saint Denis. (T. D.)

L'Eglise de Montgeroult s'élève dans un site admirable; du fond de la vallée, son clocher apparaît comme un nid aérien au milieu des arbres. Elle fut fondée naturellement par les religieux seigneurs du pays, et sans doute aussi bâtie par eux. Les couvents étaient des écoles d'architecture où cet art alors tout national

trouvait ses plus belles inspirations. Non contents d'élever des Eglises, ils exécutaient
des ouvrages profanes : au douzième siècle,
les religieux de Cluny bâtirent le pont de
pierre de Beaumont-sur-Oise. Et l'on sait que
Suger allait lui-même choisir les pierres et les
bois destinés à la couverture de la basilique de
Saint-Denis.

1071. L'Eglise de Montgeroult fut cédée aux Abbés de Saint-Denis, en vertu d'un accord passé
entre Guillaume, Abbé, et Jean archevêque
de Rouen. Par cette transaction, ce dernier
cède à Guillaume les paroisses de Sagy, Boissy,
Cormeilles, Montgeroult et Ableiges, qu'ils des-
serviraient par eux-mêmes ou feraient desservir, à condition de présenter le curé ou vicaire,
et de payer tous les ans la *Synodatique,* qui
était de 8 livres, monnaie de Rouen, ce qui
fut confirmé par Guillaume le Conquérant, roi
d'Angleterre, duc de Normandie (D. F.)

La Synodatique était un droit annuel que
chaque Eglise d'un diocèse payait à l'Evêque
en signe de soumission, *in signum subjectionis.*

Il est probable que cet acte donne l'érection
de Montgeroult en paroisse ; tout annonce que
jusque là, l'Eglise n'était qu'une simple cha-

pelle, celle du Moutier, et qu'elle ne comprenait en étendue, que celle de la Sainte Vierge actuelle.

Cette partie de l'Eglise est la plus ancienne, et presque contemporaine de la donation faite par l'archevêque de Rouen.

La partie offrant le plus d'intérêt est aussi cette chapelle de la Sainte-Vierge qui est le vocable de l'Eglise, et dont les fenêtres, un arceau et les modillons appartiennent à l'art Roman; la voûte est en ogive. Ainsi, cette chapelle est du style de transition, et par conséquent contemporaine de Suger, qui fut Abbé de 1122 à 1151. Il est certain que Suger s'occupa beaucoup du Vexin; il est fâcheux qu'on ne puisse prouver que cette partie de l'Eglise a été faite par lui, ce qui serait pour Montgeroult du plus haut intérêt.

1157.   Hugues, archevêque de Rouen, par un acte donné à Saint-Denis, confirma à l'Abbaye la possession de l'Eglise de Montgeroult: *Ecclesiam de Monte Geroldi.*

1198.   Innocent III, par une bulle donnée à Rouen, fit la même chose: *Ecclesiam de Monte Gerulfi.* (D. D.)

L'Eglise, jusqu'à la marche du chœur, est de la deuxième moitié du XIIme siècle, comme le prouve l'arcade à plein cintre qui se trouve entre les deux contre-forts du clocher, du côté de l'ouest. Le chevet est occupé par une fenêtre à lancette du plus bel effet, quoique d'une grande simplicité, à deux meneaux surmontés de cercles. Malheureusement un rétable moderne en cache la plus grande partie.

Au-dessus du chœur sont trois fenêtres qui tiennent lieu de galerie et qui sont bouchées aujourd'hui.

Le maître-autel était au milieu du sanctuaire. Il n'y avait pas de sacristie ; l'espace compris entre l'autel et le chevet en tenait lieu.

La chapelle de *Saint-Nicolas*, à gauche du sanctuaire, a gardé des traces de coupes de pierres de cette époque. On voit encore, dans d'autres parties de l'Église, des traces de peintures anciennes. *La variété des couleurs que nous employons dans l'Eglise*, dit Durand de Mende, *représente la variété des vertus*.

Il y avait, avant la révolution, une œuvre de Saint-Nicolas, et il faut convenir qu'elle était aussi bien choisie par les jeunes gens, que la confrérie de Saint-Louis actuelle.

Une œuvre particulière à Montgeroult est celle des Trépassés qui subsiste encore.

Le clocher ne fut fait que jusqu'au premier étage. Il est garni de fenêtres accompagnées de doubles colonnes surmontées d'ogives; le plein ceintre qui se trouve à sa base le fait remonter au XII° siècle. Il y avait trois cloches.

La croix du cimetière date aussi de cette époque. Elle se compose d'une base octogône, surmontée d'une moulure et d'un fut sans ornement.

Le plan architectural de l'Eglise s'arrête à la marche du chœur. De là, l'inclinaison du chevet, qui avait une raison mystique, comme on sait, et qui est très-prononcée, n'a rien de choquant et l'Eglise est régulière. Il suffit de jeter les yeux sur les deux contre-forts du clocher qui se trouvent dans l'Eglise, pour voir qu'à cette époque, elle s'arrêtait au chœur; ce ne fut que plus tard que l'Eglise fut pourvue d'une nef.

Le pignon du levant est surmonté d'une fleur de lis, et non d'une croix. On pourrait y voir l'intention de rappeler le vocable de l'Eglise et la signature des moines-architectes : les mesures des Abbés de Saint - Denis étaient marquées à la *fleur de lis*. Ce cachet des rois de France se retrouve encore sur les chenets du château qui viennent du Moutier.

Le maître-autel et celui de la Sainte-Vierge ont conservé une disposition excessivement rare aujourd'hui : ils sont destinés à recevoir des *parements*. C'est un reste précieux de cette magnifique liturgie du moyen âge, qui voyait un symbole dans chacune des parties de l'édifice chrétien : *Les tentures et les linges de l'autel*, dit Durand de Mende, *ce sont les confesseurs, les vierges et tous les saints dont le Seigneur dit au prophète : tu te revétiras d'eux comme d'un vétement.* Ces parements d'autel aux couleurs éclatantes, joints à l'effet magique produit par la lumière polychrôme des vitraux, inspirent à l'âme un sentiment indéfinissable que chacun de nous a éprouvé, et qui fait dire aux fidèles que *nulle part ailleurs*, on ne prie mieux *que dans la petite Eglise de Montgeroult*. Que serait-ce, si la magnifique lancette du sanctuaire n'était pas cachée par un rétable moderne, et si nous pouvions jouir de l'œuvre complète de ces grands artistes chrétiens, qui puisèrent dans la foi, des inspirations inimitables !

7

Une coutume que l'on voit dans beaucoup de chapitres et de couvents au moyen âge, régnait à Montgeroult. Le jour de Pâques et les fêtes de l'année, les *communiants dans l'Eglise de Montgeroult* recevaient une distribution de deux pintes de vin. Pierre Lebailleur, à une date indéterminée, avait fait à l'Eglise ce legs dont il avait chargé dix perches de vignes.

On voit sculptées sur la frise du banc-d'œuvre, trois masses ou bâtons, attributs des marguilliers. Etait-ce un droit pour eux de marcher en tête des processions, avec la masse sur l'épaule ?

L'influence du séjour des moines à Montgeroult se fait profondément sentir sous le rapport religieux, comme sous le rapport agricole.

De temps immémorial, les curés d'un village si peu considérable étaient tous natifs de l'endroit ; dans la série des pasteurs, depuis le seizième siècle jusqu'à la révolution, on en trouve à peine deux qui ne soient pas originaires de Montgeroult.

On est étonné de l'éloquence et de l'élévation de sentiments qui règnent dans les épitaphes et qui révèlent une population profondément chrétienne. Enfin, les boiseries de l'Eglise, réellement remarquables par leur richesse et leur exécution, attestent la foi ardente de nos pères qui se traduisait par des œuvres qui ne seraient plus guère possibles à notre époque.

XIII° siècle. Deux chefs-d'œuvre nous sont restés du siècle de foi et de génie auquel Saint Louis a donné son nom : ce sont un Christ en croix et une statue de la Sainte Vierge que notre époque d'ignorance a poursuivis de son mépris, qu'elle aurait anéantis si elle avait osé, et qui n'ont échappé que par miracle à la destruction qu'on semblait en avoir jurée. Il faut, pour décrire dignement ces deux pièces dont notre Eglise doit être fière, se rappeler la symbolique du moyen âge : c'est Durand de Mende à la main, qu'il faut examiner en détail ces deux belles sculptures.

Le Christ en croix est en bois, il a un mètre trente centimètres de hauteur. Il était autrefois peint, et il reste encore assez de peintures pour qu'on puisse en faire une description exacte. La tête, irréprochable sous le rapport de l'exécution, a une expression dont il est impossible de n'être pas touché.

Sur la tête est une corde, d'après ce que dit Durand de Mende : *Car le Christ fut couronné de trois manières. .... Secondement il fut couronné par sa marâtre, de la couronne de misère le jour de sa passion.*

Le suaire qui ceint les reins du Christ était primitivement blanc, sans dorure. Sur la bordure formée de trèfles rouges étaient peints en vert, capitale gothique, des versets de la Sainte Écriture qui se rapportaient à Notre Seigneur et à la Sainte Vierge.

Sur la bordure du haut, on distinguait ces mots : *Salhomonem en... ia* ...qui ne sont que la reproduction du texte de Durand de Mende : *Il faut considérer*, dit-il, *que le Christ est toujours peint couronné, comme s'il disait : Videle regem Salhomonem in diademate quo coronavit eum mater sua, Voyez le roi Salomon avec le diadème dont sa mère l'a couronné.*

Au bas on distingue encore ce mot : *vidua*, qui paraît se rapporter au texte des lamentations de Jérémie, du jeudi saint : *Facta est quasi vidua domina gentiun.* Il y avait encore d'autres textes qu'on ne peut reconstruire. On y voit ...., *amen* ..... *eum* ..... Plus tard, le suaire fut point couleur de bure : *Nous employons la bure,* dit encore l'auteur du Rational, *pour exprimer la tristesse.* Enfin, dans le cours du moyen âge, le suaire devint une robe royale, de couleur écarlate, semée de roses d'or.

Les bras étendus horizontalement, comme pour embrasser l'univers, rappellent ces paroles du Christ : *Quand je serai élevé, j'attirerai tout à moi.*

Il était placé entre le chœur et la nef, au-dessus de l'arcade, à l'endroit qu'occupe le jubé. Cette disposition avait encore sa raison d'être et était tirée des motifs les plus élevés : *Dans un grand nombre d'endroits,* dit encore le Rational, *la croix, insigne du triomphe de Jésus-Christ, est placée au milieu de l'Église, pour exprimer que nous chérissons notre rédempteur... et la croix est mise dans un endroit élevé, pour représenter la victoire du Christ.*

Cette œuvre remarquable réunit ce qui fait la perfection de l'art, la beauté de la forme et l'idéal, ou la sublimité de l'expression.

La statue de la Sainte Vierge ne le cède en rien au Christ en croix.

Elle est en pierre et de grandeur naturelle. Une tradition veut qu'elle soit aussi ancienne que la Vierge de Notre-Dame de Pontoise, dont elle serait la *sœur*. Mais elle lui est très-supérieure, et appartient évidemment au treizième siècle. Elle est conforme en tout point au type de cette époque, et en particulier à une Vierge de Notre-Dame d'Amiens.

Elle forme avec l'enfant Jésus, un groupe représentant une scène de l'intérieur de Saint Joseph. La madone est revêtue de la robe, de la cape et du voile en usage dans la classe moyenne jusqu'au quatorzième siècle. Elle avait sur la tête une couronne à quatre fleurons composés de fleurs de lis avec leurs étamines. Sur le cercle étaient des pierres fausses blanches, vertes, bleues et rouges.

Il arriva souvent, dans la suite des temps, que des pierres fausses étaient substituées aux vraies. Tous les détails de la statue ont été exécutés avec un soin que l'on rencontre rarement aujourd'hui. Maintenant qu'elle est débarrassée de l'ignoble empâtement qui la couvrait, tout le monde est d'accord pour y voir un chef-d'œuvre.

L'enfant tient d'une main un oiseau, et de

l'autre ramène le voile sur le sein de sa mère. Il y a là une idée gracieuse du sculpteur. La Renaissance n'aurait pas manqué d'écarter le voile, et de faire un étalage inspirant autre chose que la piété. Mais le moyen âge avait trop de foi et de génie pour cela. Durand de Mende dit que les livres par excellence, dans l'Eglise, étaient les peintures et les statues, et qu'elles passaient avant les livres eux-mêmes, parceque ceux-ci émeuvent moins l'âme, tandis que les réprésentations de la peinture et de la sculpture parlent à l'esprit de tous. Il conclut en disant que les livres étaient moins respectés.

L'enfant avait autour du cou une application de verroteries. D'après la règle dont parle Durand de Mende, la statue fut richement décorée; elle fut d'abord entièrement dorée, puis chaque génération témoigna à sa manière sa vénération pour la patronne du pays.

Son nom lui-même était oublié de nos jours. Nous savons maintenant qu'elle avait pour titre *Notre-Dame du Mont-Carmel.* Cette tradition est confirmée par l'épitaphe du curé Duchêne, où il est dit : *Et sera fait le... la prière le dimanche .... une prière le jour de la Notre-Dame du Mont-Carmel ou le dimanche en suivant.*

La dévotion du scapulaire prit naissance au milieu du treizième siècle : il est à présumer que la statue fut une des premières faites pour cette nouvelle dévotion qui avait alors la vogue de la Salette et de Lourdes.

Que de gracieuses légendes devaient se rapporter à Notre-Dame du Mont-Carmel ! Elle passait pour assister les mères dans les douleurs de l'enfantement : alors sa statue *suait*, dit la légende. C'était une pieuse pensée d'invoquer dans les douleurs de l'enfantement celle qui avait enfanté sans douleur.

Il est certain que ce phénomène a lieu : chacun de nous a pu le constater, et voir ses joues se mouiller sous ses paupières.

Lorsque la révolution eut brisé sa couronne, et que des *outrageux* l'eurent reléguée dans un coin, il se trouva trois bonnes âmes pour la remettre dans sa niche : alors elle se mit à verser des larmes de joie, dit la légende.

On dira que c'est la nature de la pierre qui est cause de ce phénomène, que transportée d'un endroit froid dans un endroit chaud, la

statue doit *suer*. .... Nous lo savons et néan-
moins je m'en tiens à la légende, on est heureux do voir la naïve confiance, l'amour que
témoignaient les villageois à la Vierge qu'ils
regardaient comme le *palladium* du pays, et
qu'ils se plaisaient à voir partager leurs peines
et leurs joies.

XIVe siècle. Le clocher fut achevé. Le deuxième étage
qui fut fait alors est la partie la plus soignée
do l'édifice. Il y a des colonnes aux angles ; les
fenêtres sont garnies de deux colonnes et de
deux arcades concentriques comme au premier
étage ; les arcades surélevées ajoutent à l'é-
lancement de la tour ; des arcades pleines
trilobées qui se trouvent aux angles, attestent
le soin avec lequel fut achevé le clocher.

Le toit était en bretêche.

SIMON MORELLY, CURÉ.

Av. 1380. Il y eut un démêlé à propos de sa succession,
entre le grand-vicaire de Pontoise et l'Abbé de
Saint-Denis. Il a été rapporté plus haut.

XVe siècle. La nef paraît être de la fin du quinzième
siècle. Le mélange de l'art chrétien et de l'art
païen, l'amalgame des ornements gothiques et
grecs, inspire une tristesse dont on ne peut
se défendre à ce dernier soupir de l'architec-

ture nationale du moyen âge. Les voûtes sont en ogive ; les colonnes du fond de l'Eglise ont des chapiteaux composés de moulures de la Renaissance ; l'un deux est garni de feuillages ; les arêtes des voûtes ont des nervures prismatiques.

Les modillons des murs du sud ont un grand sens symbolique : ils sont formés par les têtes des apôtres avec leurs attributs, selon la tradition du moyen âge.

C'est encore par suite de cette magnifique tradition, que la statue de la Sainte Vierge se trouve au-dessus de la porte principale de l'Eglise.

Elle est la reproduction de Notre-Dame du Mont-Carmel. L'Enfant Jésus tient un oiseau par les deux ailes ; la Sainte Vierge a une grappe de raisin à la main, et elle porte une couronne de chêne.

Le porche, avec un toit aigu, était tourné vers la rue qui montait alors droit à l'Eglise en passant devant le château.

La façade belle et régulière du couchant se trouve malheureusement enfermée dans le parc. La grande nef était alors en bois et en plafond et ne fut voûtée qu'au dix-huitième siècle.

La chapelle de la Sainte Vierge fut transférée
à cette époque en face des fonts, et l'antique
chapelle romane se vit dépouillée de l'antique
statue, patronne de l'Eglise, pour devenir la
chapelle seigneuriale de Saint-Jean : c'est là
que furent inhumés les seigneurs *terriens* du
pays. Je présume, d'après le titre de la chapelle,
que ce fut *Jean* de Dampont, époux d'Agnès de
Marbre, qui la fonda; il est certain que la chapelle des fonts est contemporaine de ce seigneur, et il est très-probable que ce change-
ment fut fait par lui.

Nous voici enfin arrivés à la description des
morceaux véritablement remarquables de
l'Eglise, c'est-à-dire des boiseries. L'ancienne
statue de la Sainte Vierge est dans une niche
a cintre surbaissé; elle est surmontée d'un
baldaquin en bois, accompagné de quatre pinacles et d'autant de pendentifs. Ces pinacles
sont des clochetons garnis de créneaux; les
pendentifs sont ornés de feuillages bien fouil-
lés ; le baldaquin est composé de ciselures
découpées à jour que les artistes du gothique
flamboyant répandaient à profusion, et qui
donnent à cette pièce la légèreté de la dentelle.
Malgré son peu d'étendue, ce morceau de sculp-

ture gothique est au moins égal aux savantes sculptures de la Renaissance du reste de l'Eglise, et il est peut-être le meilleur d'une Eglise remarquable par ses boiseries.

Les bancs du chœur en partie sculptés en draperies, sont contemporains de la chapelle de la Sainte Vierge.

XVI° siècle. Depuis cette époque, on a une liste complète des curés de Montgeroult. Un fait excessivement digne de remarque pour un si petit pays, c'est que les curés, si l'on en excepte un ou deux, sont tous natifs du village. Il y avait alors dans la population, une foi ardente qui se manifestera de bien des manières, comme nous le verrons dans le suite.

CATHELIN CHABOT.

1565. Il est ainsi désigné dans le terrier de Longueval : *Messire Cathelin Chabot, prêtre, demeurant à Montgeroult.* Il était d'une famille du pays.

1567. Jean de Longueval acheta à la Fabrique de l'Eglise deux sous tournois de cens et tous autres droits de cens dus à la dite Eglise par plusieurs habitants de Montgeroult, pour plusieurs pièces de bois fournies par le dit sieur pour les réparations à faire à la dite Eglise. (I. C.)

JEAN TRISTAN.

Av. Il était d'une famille de Montgeroult. Il vendit
1580. à Pierre Drouet, marchand, demeurant à Vigny, 25 livres tournois de rente, à prendre sur une maison sise au lieu dit la rue près de l'Eglise. (I. C.)

SIMON GODIN.

1586. Il était de Montgeroult, fils de Simon Godin et de Perrette de Dampont.

Le banc-d'œuvre, du genre Louis XIII, est orné de sculptures aussi riches que nombreuses: il se compose d'un *rétable* surmonté d'une corniche et garni à droite et à gauche de consoles sous lesquelles sont des têtes d'anges ailés en haut-relief, sur des cartouches accompagnés de guirlandes de fleurs et de fruits. Au-dessus de l'architrave, dans la frise, sont sculptés des triglyphes en forme de *masses*, dont on a parlé plus haut. Le tympan et la clef do l'arc sont formés d'une tête accompagnée do draperies, de fleurs, de feuillages et de fruits d'une grande richesse, ce qui donne à ce banc-d'œuvre un aspect monumental.

1596. Le 27 mars, fut rendue une sentence du parlement qui réglait que la moitié des grosses dîmes et quatre écus d'augmentation demeureraient au curé (A. D.)

1616. La cloche actuelle fut fondue. On y lit l'inscription suivante : (après une fleur de lis) 1616. *Je fus faictes et nommée Marie M. Simon Godin quré de ladicte Eglise et Jehan de Daunomer (écuyer). s' de Montgerou et contrôleur des bâtimans du roi, N. Leclerc, à Pontoise.* Cette cloche était la plus grosse des trois qui existaient avant la révolution.

Sur les quatre côtés de la cloche sont représentés autant d'emblèmes et d'armoiries. Sur l'un, on voit les armes de M. de Dosnon avec les supports, sommées d'un casque d'écuyer. Sur le côté opposé, on voit un sceau ogival représentant la Sainte Vierge sous un pinacle gothique, et sur l'exergue on lit : *s. capituli ble marie de dompnomartino,* sceau du chapitre de Notre-Dame de Dammartin. Au bas du sceau est un écu écartelé au premier et au quatrième d'un lion rampant, au deuxième et au quatrième, de deux fasces. Un écu placé sur le tout est chargé de pals. Sur un troisème écusson, on voit les instruments de la passion, et sur le côté d'en face, un Christ en croix.

Ce sceau ogival appartenait sans doute au curé Simon Godin.

Je n'ai pu retrouver les noms du doyen et des chanoines en charge, en cette année 1616. Il est probable que Simon Godin avait un canonicat à cette collégiale de Dammartin, et ainsi les armoiries du sceau doivent être les siennes.

L'écu chargé des instruments de la passion paraît être l'enseigne du fondeur.

Le nom de Marie donné à la cloche paraît indiquer que ce fut la femme de M. de Dosnon Marie de Longueval, qui en fut la marraine.

Ce Nicolas Leclerc, fondeur, paraît en 1610, comme parrain de Michel de Bourdeille, fils de Perrotte de Dampont. (A. s.). Il mourut à Courcelles, où son épitaphe se voit encore dans l'Eglise au premier pilier à droite.

1628. Le dernier acte de la main de Simon Godin, est du 27 janvier 1628. Il avait été curé pendant quarante-deux ans.

Un certain nombre d'habitants furent enter-
rés dans l'Eglise; je ne m'occuperai que de
ceux qui offrent quelque particularité.

EDMOND LEFÉBURE.

Il était régent au collège de Pontoise, et avait
pour vicaire à Montgeroult, Gaspard Lefébure.
(A. M.)

NICOLAS-JEAN DUCHÊNE.

1630.   Jean Duchêne, *Joannes à Quercu* paraît le
15 octobre comme curé (A. M.)

1640.   Il y eut une transaction entre lui et le Seigneur Jean de Dosnon, au sujet des dîmes; mais
cette affaire ne fut réglée définitivement que
seize ans après. (I.C.)

1641.   Le 20 février, mort de Jean Duchêne. Il
fut enterré dans le chœur. On lit au premier
pilier à gauche, cette inscription, curieux spécimen du patois local:

*Siigit honorable homme me Jehan Duchâlne
praile curé de l'Eglise de Nostre-Dame le Mont-
gerout lequel par telamen a donné à l'Eglise*

de Nostre-Dame la somme de trante quatre livre pour une fois paié p. être mis à rente au proufit de la dite esglise, pourquoi elle est obligée de faire dire à perpétuiété le vingtième jour de fruvier jour de son désés, vigille à neuf leçon avec les recommendace et le laude avec une messe haute et le libéra sur sa sépulture et la prière le dimanche précéden comme ausi une priére les 5 faite de la Vierge, une prié le jour de la Nostre - Dame du Mon - Carmel ou le dimanche en suivant coe il est porté par contrai.

Prié Dieu p' lui. 1041.

Les lettres gravées sont remplies d'un enduit noir qu'on ne trouve pas ordinairement, et dont je ne connais pas d'exemple dans les pierres tombales du moyen âge.

JEAN PETIT.

Le 22 février, il entra en charge. Il était né en 1614, à Montgeroult, de Jean Petit, receveur du Château; et de Claudine Dutuin. (A. M.)

Le 10 Septembre, fut inhumé dans l'Eglise Nicolas Chartier, âgé de cinquante-quatre ans environ. (A. M.)

1643. Le 15 mars, la chaire actuelle fut placée. Jean Petit en parle en ces termes : *Le 15 mars, j'ai fait placer dans le cœur une chaire à prêcher que M de Montgeroult a donnée. Et fut faite à Pontoise, par Michel Leclerc, menuisier. Et la pierre qui la soutient fut faite par Claude Jourdain tailleur de pierres à Montgeroult. En même temps je fis faire le siège du cœur.* (A. M)

1644. Claudine Duluin, mère du curé, âgée de soixante-dix ans, fut enterrée dans la chapelle de Saint-Nicolas. (A. M.)

Le 4 décembre, les habitants consentent que M. Dosnon, Seigneur, attache la clôture de son parc au premier pilier de ladite Eglise, du côté de Montgeroult et au dernier du côté du cimetière, à condition de faire ouvrir une porte et d'en faire une en bois pour faciliter son entrée et sortie en ladite Eglise, avec promesse pour ledit sieur de faire porter le maître-autel contre le pignon du levant, de faire faire un tabernacle et une sacristie à ses frais.

Le même jour, les habitants trouvent à propos que la porte mentionnée ci-dessus et entaillée dans le grand pignon, soit transportée et faite près des fonts. (I. C.) Cette porte entaillée dans le *pignon du levant*, servait pour entrer dans la sacristie qui se trouvait au levant, derrière le maître-autel.

Le 10 du même mois, Jean de Dosnon cède à Antoine Patte, vigneron, dix. perches de vigne provenant du legs de Pierre Lebailleur, chargées chaque année, de la fourniture de deux pintes de vin, pour les communiants en l'Eglise de Montgeroult, au jour de Pâques et aux principales fêtes de l'année. (I. C.)

Nos aïeux ne trouvaient pas seulement à l'Eglise l'aliment de leurs âmes : la pompe des cérémonies, les sublimes mélodies du chant grégorien offraient encore au peuple un aliment pour son cœur et son imagination. On se rappelle encore le temps où les hommes, tous placés dans le chœur et groupés autour du lutrin, accompagnaient les chantres, en chantant à gorge déployée. Le legs naïf dont il est fait mention ici, atteste l'importance qu'on attachait aux cérémonies, leur longueur, la piété avec laquelle on y assistait. Après les offices de la semaine sainte, les petites heures, le chant de l'*Offlii* et le reste occupaient la plus grande partie du jour consacré à la résurrection du Seigneur.

1645. La porte du Château, la tribune, la sacristie actuelle et le tabernacle furent faits, en même temps que le maître-autel fut adossé au chevet.

Quand je dis que la tribune fut faite alors, cela ressort des vifs débats que souleva la concession de la porte, et qui n'auraient pas eu de raison d'être, si une *deuxième porte* n'eût été percée pour la tribune. A vrai dire, cette porte ne donnait entrée que dans une simple galerie, et non dans l'intérieur de l'Eglise. C'est un des mille empiétements dont les Seigneurs ne se faisaient pas faute, et où ils finissaient toujours par l'emporter. C'est ce que nous verrons en 1718.

Il y avait en dehors, à la porte de la tribune, une attique qui a disparu depuis.

On a vu qu'en 1640, Jean de Dosnon avait acheté vingt arpents pour la création du parc. La belle façade de l'Eglise y fut donc enfermée.

La supérieure de l'Hôtel-Dieu de Pontoise fournit au menuisier de Pontoise, l'argent nécessaire pour le tabernacle, afin de demeurer quitte envers M. de Dosnon, de l'indemnité qu'elle lui devait tous les vingt-cinq ans. (I.C.)

1646. Jean Petit résigna sa charge aux mains de Philippe Guyon. (A. M.)

Il légua au presbytère un demi-arpent de vignes. (T. F.)

PHILIPPE GUYON.

1648. Le 18 mai, Antoine de Dosnon, frère du Seigneur, écuyer, Seigneur de Chavres, mourut à Paris et fut inhumé à Montgeroult. (A. M.)

1649. Pierre Petit, chirurgien, âgé de quarante-trois ans, fut inhumé dans la chapelle de Saint-Nicolas.

Le vingt-sept août, sa femme Françoise Laudrin fut inhumée dans la même chapelle.(A. M.)

FRANÇOIS VASTÈRE.

1652. Le 3 juillet, il succéda à Philippe Guyon.

1656. Le 1ᵉ juin, l'affaire des dîmes entre le Seigneur et le curé fut réglée.

Une première sentence fut rendue, qui laissait le fermier du Seigneur en possesion de toutes les dîmes grosses et menues. (A. D.)

Le 12 décembre, transaction entre les parties, d'après laquelle le curé prendra sa part des grosses dîmes, à raison de cinq gerbes deux, ainsi qu'il l'a fait par le passé. Le surplus appartiendra au Seigneur. Puis le curé lèvera la totalité des menues dîmes, quelles qu'elles soient. Au moyen de cet accord, le curé consent que le Seigneur soit déchargé de 19 livres qu'il payait pour les dîmes de son enclos. (A. D.)

1664. Le 3 août eut lieu une nouvelle transaction. Le Seigneur et le curé n'étaient pas d'accord sur ce qu'on entendait par menues dîmes. Le Seigneur prétendait qu'il n'y avait que de grosses dîmes. Pour maintenir la bonne intelligence, le curé percevra les grosses menues dîmes, *verdailles*, novales, sur le canton de Montgeroult appelé *Chantecoq*. Pour le reste du terroir, les dîmes grosses seront perçues par moitié, par le curé et par le Seigneur, excepté toutefois les dîmes de charnage, vin et chanvre, et des clos et jardins qui appartiendront au curé seul. (A. D.)

NOEL GUESTIN.

1673. Il prit possession le 20 mars.

Il était de Montgeroult, fils de Pierre Guestin, laboureur. Il était prieur de Maison.

1683. Le 16 janvier, le parlement rendit un arrêt qui déboutait Noël Guestin de sa demande au sujet des 19 livres de dîmes dont un arrêt précédent avait libéré le Seigneur de Montgeroult.

1685. Le 29 septembre, la moyenne cloche fut bénite par Noël Guestin, et fut nommée *Françoise Marguerite*, par messire François Champot de Beaumont, conseiller du roi en sa cour de parlement, et dame Marguerite Hennequin, femme de messire Antoine Le Féron, Seigneur de Montgeroult et autres lieux. (A. M.)

1586. Le 15 novembre, Antoine Le Féron mourut et fut inhumé dans la chapelle de Saint-Jean. (A. M.)

1688. Le 18 Juin, il fut exhumé et le 2 juillet suivant, il fut enterré dans un caveau qui fut fait dans la chapelle de Saint-Jean pour honorer sa mémoire, le tout à la diligence de sa veuve Marguerite Hennequin. (A. M.)

1692. Elle écrivit de sa main un mémoire sur les réparations à faire dans l'Eglise de Montgeroult (I. C.)

1694. Honorable homme Pierre Petit, fermier des moulins de Montgeroult, fut enterré dans la chapelle de Saint-Nicolas. (A. M.)

1695. Le 30 mai, mort de Pierre Guestin, père du curé. Il fut inhumé dans l'Eglise, *devant le Crucifix*, du côté de l'Evangile. (A. M.)

L'inscription qui suit indique la place où il fut enterré : elle est sur le contre-fort gauche du clocher :

D. O. M.

Cy gist honorable homme Pierre Guestin, me laboureur. Apès avoir vescu 80 ans dans la crainte de Dieu, luy a rendu son âme dans l'espérance de sa gloire et a donné à l'Eglise deux arpans de terre par contrat chez .... notaire à Monjerout le 3 novembre ...... pour une messe haue de requiem et le libera à la fin.

Prié Dieu pour luy.

Au-dessous sont gravés des instruments aratoires et une tête de mort.

On lit sur le pilier qui se trouve en face :

D. O. M.

Sous une tombe dans le cymetière proche la croix repose le corps d'honorable home Nicolas Jehan, laboureur. Après avoir édifié le prochin par sa conduitte pendant 70 ans, a passé de cette vie à un melieure, et laissé à l'Eglise deux arpans de terre, par testament chez Langlois, notaire à Pontoise, pour avoir une messe de la B. Vierge le troisième mardy de chaque mois. Prié Dieu pour lui.

Il serait utile de comparer les épitaphes si chrétiennes et si élevées des villageois de cette époque, avec celles de nos jours. Toute la collection des regrets stériles que l'on voit aujourd'hui, et qui se bornent au présent, ne vaut pas ces formules si simples, ces oraisons funèbres si éloquentes que l'on remarque dans le hameau le plus obscur. Là, comme dans tous les détails de l'Eglise, la foi à une vie future se traduit par des beautés artistiques dont le froid matérialisme de nos jours ne soupçonne même pas la grandeur.

1697. Guillaume Morin, enfant de deux ans, fut enterré dans l'Eglise, près de la porte du cimetière aujourd'hui fermée. (A. M.)

1704. Le 25 mai, le presbytère fut vendu par les habitants pour 400 livres au président Chevalier.

Celui-ci, pour donner des marques de sa bienveillance à la paroisse, leur donna en outre

930 livres pour les aider à en bâtir un nouveau et même autant de place qu'en contenait l'ancien. (I. C.)

Le presbytère fut reconstruit sur l'emplacement qu'il occupe aujourd'hui.

En dépit du langage officiel, l'Eglise n'eut pas à se louer de la *bienveillance* du président Chevalier : elle fut sacrifiée au caprice et aux intérêts d'un grand Seigneur. M. de Dosnon avait déjà commencé, en 1640, à englober l'Eglise dans son parc; le président Chevalier acheva de l'emprisonner, et les *marques* de sa malveillance n'auraient pas été plus déplorables, comme on le verra plus bas.

L'Eglise de Notre-Dame de Montgeroult, vicariat de Pontoise, fut volée la nuit du dix-huit au dix-neuf août 1705 dans la quelle on prit tous le vases sacrés, c'est à savoir un calice de vermeil doré tout des plus beaux, un soleil de vermeil doré et un saint cyboire d'argent ciselé et ouvragé, le tout très beaux qui avoint été donnés par monsieur Chevalier, fermier général, pour lors seigneur de Montgeroult, une aube de poinct d'Angleterre d'un pied de haut, le petit dais du Saint-Sacrement éraillé de crespine d'or, trois corporeaux très beaux avec de la dentelle tout-au-tour et la nappe des communians, et les saintes hosties furent renversées sur un corporau dessus le tabernacle, et jeté tous les ornements par terre, et rompu toutes les portes :

Ils entrèrent par la grande porte qui rompirent, prirent aussi l'argent qui étoit dans le coffre des marguilliers, enfin tout fut dans la désolation. (A. M.)

On voit que la richesse des ornements et des vases sacrés répondait à l'élégance des autels et du banc-d'œuvre.

1706. Le 12 novembre, le président Chevalier fonda quatre saluts par an, pour les principales fêtes, moyennant trois livres par salut. (I. C.)

1707. Le 18 novembre, il fonda aussi une messe par mois, pour le repos de l'âme de M. Fermé, son beau-père. (I. C.)

1710. Le 29 avril, Marguerite Broc, d'une famille de Montgeroult, demoiselle suivante de Madame Chevalier, fut inhumée dans la chapelle de Saint-Nicolas (A. M.)

Voici l'inscription qu'on y lit encore, à côté du pilier gauche de la chapelle de Saint-Louis :

Cy gist Marguerite Br... damoiselle de madame la présidente Chevalier, qui a donné à l'Église cent livres pour six messes chaque année à perpétuité.

Sa maitresse la suivit de près. Le 16 mai, haute et puissante dame Marie-Anne Fermé, épouse du président Chevalier, fut enterrée dans la chapelle de Saint-Jean (A. M.)

1712.   Jean Bellangé, âgé de soixante dix ans, fut inhumé près du bénitier. A. M.)

On a vu qu'en 1707, la rue de l'Eglise avait été concédée au Seigneur, et que l'entrée du porche vers le village était devenue inutile. De plus, l'Eglise était voûtée complètement à l'exception de la grande nef.

1714.   Le curé Guestin pourvut à ces deux choses : il fit faire le porche actuel, et acheva de voûter l'Eglise, chose assez rare dans nos villages.

En l'année 1714 à été fait le porche de l'É-glise de Montgeroult, le paré du cœur de ladite Eglise et la roulte au dépens et à la diligence de messire Noël Guestin, prieur de Maison, et curé dudit Montgeroult. (A.. M.)

La voûte de la grande nef se compose de deux travées dont l'arc doubleau repose sur deux pilastres corinthiens. Le porche fut fait dans l'esprit d'ignorance à l'égard des réparations d'églises qui distinguait l'époque. Le toit aigu et d'une forme si agréable à l'œil dont le pignon était tourné vers le village, fut abattu, et un toit lourd fut posé sur les têtes des apôtres qui furent cachées ou massacrées impitoyablement. Un cintre sans ornement, emprisonne dans la cour du cimetière, remplaça l'ancienne entrée publique qui faisait face à la rue de l'Orme. Les chapiteaux et les fûts qui en restent, attestent l'effet qu'il devait produire au sommet de la colline.

713. Le 8 mai, Gabriel Léger, garçon majeur âgé de vingt huit ans, fut inhumé dans l'Eglise. (A. M.)

On lit sur le pilier du clocher qui regarde l'autel de la Sainte-Vierge :

Cy gist Gabriel Léger, garçon majeur, demeurant à Montgeroult après avoir vescu 40 ans dans la crainte de Dieu luy a rendu son âme et donné à l'Eglise de Montgeroult la somme de 100 livre une fois payée et 20 livres de rente perpetuelle par chacun an à la charge qui cera dit par chacun an en ladite Eglise a perpétuité 25 basse messe de requiem pour le repos de son âme, savoir : 2 par chaque mois et 3 au mois de février qu'il est décédé ainsi qu'il est porté par testament passé par devant Dubret tabellion à Montgeroult le 5 février 1715. **Prié Dieu pour son âme.**

Mort de *Louis Chevalier*, père du président, âgé de soixante-quinze ans. Il fut inhumé dans le caveau seigneurial de la chapelle de Saint-Jean. (A. M.)

Tout annonce que cette chapelle de Saint-Jean fut faite par lui. Elle est du genre Louis XIV ; les sculptures sont faites avec le plus grand soin et excitent l'étonnement des visiteurs. A la place de la niche que l'on voit aujourd'hui, se trouvait un rétable orné de rinceaux, d'une coquille, et accompagné de deux pilastres ioniques. Le gradin de l'autel est orné d'une fleur, de rinceaux et d'arabesques remarquables ; aux angles de l'autel sont des guirlandes et des têtes d'anges d'une exécution

parfaite ; le devant de l'autel est destiné à recevoir des parements et les côtés du cadre sont d'une richesse peu commune dans nos campagnes; au milieu se trouve une croix de Malte à fond d'azur.

On regrette de ne pouvoir faire une description technique de cet autel, et on est obligé d'y renvoyer le lecteur.

Un monument fut élevé au fermier général, dans cette chapelle : c'est le seul qui soit parvenu jusqu'à nous, de ceux qui purent être faits dans l'Eglise aux Seigneurs de Montgeroult. Il se compose d'une pierre adossée à la paroi, portant une inscription qui a disparu depuis. Elle est surmontée d'une urne genre Louis XIV, sur laquelle sont sculptés les chiffres du défunt, deux L et deux G entrelacés. Deux anges sculptés en pierre, qui rappellent les enfants joufflus de l'allée des Marmousets, à Versailles, tiennent une couronne suspendue sur les *cendres* du fermier général.

La révolution, qui a respecté les inscriptions des laboureurs, a detruit celle du haut et puissant Seigneur de Bagnolet, un des quarante fermiers de Sa Majesté.

1716. Le 14 août mourut Noël Guestin. Il fut enterré le lendemain, fête de l'Assomption, dans l'Eglise, vis-à-vis de l'autel de la Sainte-Vierge, après avoir eu sa maladie, reçu avec édification les Sacrements, dit le registre. Son inscription, placée vis-à-vis des fonts à droite, sert à déterminer l'emplacement de l'ancien autel de la Sainte-Vierge :

D. O. M.

(Cy gist) *Noël Guestin, curé* (de cette paroisse) *pendant* (43 ans) (inhumé) **Le 15 août 1716** *âgé de* ..... (ses) *héritiers pour satisfaire à son intention, ont fait un contrat passé par devant Dubray, tabellion, en l'année ... quatre services solennels devront être célébrés à perpétuité dans cette Eglise, savoir deux à son intention, le premier sera célébré le plus prochain jour du quinze août non empêché, le second le 14 septembre de chaque année ; les deux à l'intention de Pierre Guestin, son père, décédé le 30 mai 1695, dont le premier sera célébré à pareil jour, le second le 14 septembre chaque année, et un libéra qui sera dit par les curés successeurs à perpétuité, à l'intention dudit me*

Noël Guestin, tous les dimanches à l'issue des vêpres. Requiescat in pace.

La chapelle de Saint-Louis actuelle, alors de Saint-Nicolas, paraît avoir été faite sous le curé Guestin. Le rétable est surmonté d'une corniche qui s'appuie sur deux consoles accompagnées de guirlandes de chêne, sous lesquelles sont des roses. Ces guirlandes bien fouillées, ne sont pas les moins remarquables d'une Eglise riche en bonnes sculptures.

RENÉ - FRANÇOIS DAVID.

1717. Au mois de novembre, il était curé de Montgeroult. (A. M.)

On trouve une famille de ce nom à Boissy-l'Aillerie.

Les paroissiens avaient donné la permission d'ouvrir une porte dans l'Eglise, à Jean de Dosnon, en 1644.

Cette porte, d'abord percée au haut de l'Eglise, avait dû être après délibération, changée et ouverte à droite, près des fonts.

1718. Le 25 septembre le doyen de Meulan, comme ayant charge de l'archidiacre de Pontoise et de l'archevêque de Rouen, régla enfin l'affaire après avoir procédé à la visite de l'Eglise et concéda la porte. (I. C.)

1723. Le 8 octobre, le frère du président, François Chevalier, Seigneur de Saint-Hilaire, lieutenant aux gardes-Françaises, chevalier de Saint-Louis, âgé de trente-cinq ans, fut inhumé dans l'Eglise. (A M.)

Le 26 août, Jean le Bon, chapelain du président, âgé de cinquante-six ans, fut inhumé dans l'Eglise. (A. M.)

1728. Le président Chevalier fit le plan du maître-autel et de son rétable. (I. C.)

Son inauguration est rapportée en ces termes par René David :

Je soussigné curé de cette paroisse ai célébré la messe paroissiale pour la première fois le 3 octobre 1728, fête de la dédicace, sur le maître autel entièrement rebâti, orné de son tableau, de sa sculpture et menuiserie par messire Louis Chevalier, président au parlement de Paris, Seigneur de la paroisse, et le 27ᵉ du même mois, le tabernacle a été béni par Charles Videcoq, doyen rural, curé de Briançon. (A. M.)

Le président Chevalier n'était pas seulement

un magistrat distingué de cette époque qui vit
les Lamoignon et les Malhersbes, il était encore
un bon littérateur, comme on l'a vu par les inscriptions du château, et de plus il avait un
grand goût artistique, comme on peut le voir par
le maître-autel et son rétable. Ce maître-autel et
son rétable forment, avec les boiseries du sanctuaire, un ensemble qui serait plus beau encore, s'il ne cachait pas la magnifique lancette
du chevet. L'autel, destiné à recevoir des parements, est orné sur le devant, aux angles
de l'encadrement, de coquilles, de rinceaux, de
feuillages d'une grande délicatesse et d'une
grande sobriété. Le rétable, accompagné de
deux colonnes ioniques, représente une Assomption, bonne copie d'un grand maître de
l'école française et porte les armes du président. La boiserie est ornée de deux pilastres
ioniques; les panneaux sont également ornés
de rinceaux, d'arabesques et de coquilles qui
montrent que le genre Louis XIV était encore
en vogue. La gloire qui surmonte le tableau,
avec ses accessoires, produit un effet grandiose, et atteste le goût avec lequel le président Chevalier accomplit cette œuvre remarquable. .

Cette gloire se compose du nom de Jéhovah

dans une auréole triangulaire, d'où partent des rayons entourés d'anges et de nuages, surmontés d'un globe chargé d'une croix et appuyé sur des consoles ornées de rinceaux, dont les pieds reposent sur les colonnes du rétable. Le devant de l'autel est occupé par une colombe dans une demi-auréole, lançant des rayons entourés de nuages.

1730. Le curé David peignit pour la chapelle de Saint-Jean, la Descente de croix qui se trouve au-dessus de la porte de l'Eglise.

On y lit : *R. F. David hujus parochiae pastor pinxit exposuitque anno D.* 1730.

Ce tableau est une copie de la Descente de croix de Raphaël. Il servit de rétable à la chapelle de Saint-Jean jusqu'à nos jours. Le sujet rappelle à la fois l'œuvre des Trépassés, produit du sol de Montgeroult, le nom de la chapelle et sa destination.

1732. Le 16 décembre, Jeanne Cousin, fille âgée de quatre-vingts ans, tante du curé David, fut inhumée près de la sacristie. (A. M.)

1734. Pierre Trochu, chapelain du Seigneur, fut inhumé dans l'Eglise. (A. M.)

1736. Marguerite Etienne, veuve de Louis Chevalier, père du président, fut inhumée le 7 janvier dans le caveau de la chapelle seigneuriale. (A. M.)

1755. Le 4 mars, René-François David mourut après vingt-trois ans de ministère.

Le père Vaugandon desservit la paroisse. (A. M.)

François Delarue.

1756. Il prit possession au mois de mars.

1765. Il mourut et fut inhumé le 16 mars, dans le chœur de l'Eglise.

Il est dit qu'il gouverna la paroisse pendant près de dix ans, avec assiduité et édification. (A. M.)

Le P. Lebel, feuillant, desservit la paroisse. (A. M.)

Nicolas Grenier.

1766. Il était curé au mois de mars.

1776. Il cessa d'administrer la paroisse, qui fut desservie par Lemoine, curé deCourcelles, docteur en théologie, puis par Bustel. (A. M.)

Bernard-Charles-Joseph Thanier.

1777. Il était fils de François Thanier, directeur des fermes du roi, et d'Anne-Joseph Wilhem.

1779. M. Gautier, Seigneur, donna 100 francs pour la réparation des ornements.

1790. La petite cloche qui était cassée, fut refondue par Etienne Gérard, fondeur de Beauvais, pour 200 livres, ce qui fait croire qu'elle pesait 250 livres. (A. M.)

Le curé Thanier prêta le serment constitutionnel, et continua d'exercer les fonctions du saint ministère à Montgeroult.

1791. Le 1er mai, le marguillier est autorisé à faire un ornement avec l'étoffe donnée pour la cérémonie de la cloche qui ne servit pas longtemps. (A. E.)

Le 8 mai, le maire et le conseil de Fabrique consentent à ce qu'on lève dans le coffre sur l'argent qui y était, la somme de 150 livres pour honoraires de celui qui devait dresser l'état de l'imposition foncière. (A. E.)

Le 22 mai, eut lieu la dernière délibération du conseil de Fabrique.

Montgeroult eut sa part de scandales et de violences pendant la révolution.

La moyenne et la petite cloche furent descendues.

Les armoiries du Seigneur, qui étaient peintes sur des plaques de fer, sur la litre qui entourait l'Eglise, furent arrachées.

Les tombeaux de la chapelle seigneuriale furent profanés.

L'inscription du père du président Chevalier, fermier du roi, fut effacée ; mais les épitaphes des laboureurs et des curés enfants de Montgeroult furent respectées.

La chapelle Saint-Nicolas disparut.

Les fleurons de la couronne de marquis qui appartenait au fermier général, et qui se trouvait dans la chapelle Saint-Jean, furent brisés.

Non contents de s'attaquer à la royauté de la terre, les hommes de 93 brisèrent la couronne de chêne ou de lis que portait la madone vénérée depuis tant de siècles; elle fut descendue de son piédestal, et reçut des coups de pierres dont la trace n'est pas encore effacée.

Le Christ que sa valeur artistique aurait dû faire respecter, fut jeté en bas du mur du chœur, par des sauvages qui lui attachèrent une corde autour du cou, lui brisèrent les bras et lui firent encore subir d'autres mutilations.

Enfin, pour comble do désolation. Bernard-Charles-Joseph Thanier, qui avait déja prêté le serment constitutionnel, apostasia. Il fut élu comme officier public, et membre du conseil municipal.

1793. Le 4 janvier, il paraît comme officier public pour recevoir les décès, mariages et naissances et présida comme tel, dans cette mémorable année, quatre mariages civils.

1794. Il ne recueillit pas le fruit de son apostasie : le 11 novembre, il fut remplacé dans la charge de greffier, par Paul-François Bouillotte, élu par délibération.

1796. Bernard Thanier mourut. Ce prêtre scandaleux, dont l'ineptie est attestée par l'état des registres de la paroisse, n'eut pas de successeur à Montgeroult jusqu'en 1799. Les enfants étaient alors baptisés dans les paroisses voisines.

De 1799 jusqu'au concordat, Bustel et Vincent Fauconnier desserviront la paroisse.

M. de Scorailles donna les vases sacrés et les ornements. Sur l'un d'eux on lit cette date : *avril* 1803.

Quelques débris de l'ancienne Eglise de
Montgeroult ont surnagé à travers la révolution. Ainsi, l'œuvre des Trépassés subsiste toujours. Le Christ du treizième siècle, qui avait
été enfoui dans un endroit où il serait encore à
pourrir aujourd'hui, si le hasard ne l'avait fait
découvrir, a été remonté à la place que lui assi-
gnait Durand de Mende. Notre-Dame du Mont-
Carmel, décorée comme aux jours de sa gloire,
a vu rétablir son antique confrérie. Enfin, les
deux Chevalier ont trouvé de dignes successeurs dans l'embellissement de l'Eglise.

Nous voici enfin arrivé au terme de notre tâche. Pourquoi ne chercherions-nous pas à voir la
main de la Providence, à travers la succession
souvent aride de faits et de dates, dont se compose cette Notice ? N'est-ce pas là le dernier
mot, l'enseignement qui ressort de tout histoire?

Dès l'origine, nous voyons les moines, livrés
au travail des mains, dans toute la ferveur de
leur institution, arriver à une prospérité dont
nous avons eu la preuve sous Suger, et de plus
acquérir une gloire que la postérité ne leur
marchande pas. Plus tard, la décadence et la

corruption arrivent avec les richesses : tombée aux mains d'administrateurs étrangers et avides, l'Abbaye de Saint-Denis se vit dépouiller de ses plus beaux domaines, ceux du Vexin, dont le judicieux et érudit historien du couvent, D. Félibien déplore si vivement la perte.

Les curés, véritables patriarches d'une tribu qu'il édifiaient par leur piété, virent leur mémoire se perpétuer jusqu'à nous. La fureur populaire respecta leurs épitaphes gravées sur les murs de l'Eglise, et ils voient s'accomplir pour eux à la lettre, cette parole de la sainte Écriture: *In memoria æterna erit justus* : la mémoire du juste ne périra pas. Le pasteur indigne qui paraît à la révolution, ne recueillit même pas le fruit de son apostasie, et bientôt son souvenir même, avec celui de ses scandales et de son ineptie, aura disparu.

Un des premiers magistrats du règne de Louis XIV ne se doutait pas que, de tous les travaux qu'il avait dû accomplir pour la gloire, ceux qu'il ferait pour une petite église de campagne resteraient seuls, et que sans cela, son nom serait aujourd'hui tombé dans l'oubli; tandis que les plus brillants représentants de la société frivole et sceptique du siècle dernier, qui dédaignaient d'orner l'Eglise, (on n'y fit plus rien depuis le président Chevalier,) et qui avec toute leur philosophie, savaient si bien exploiter leur vasseaux, sont tombés, malgré tout leur talent, dans l'oubli le plus profond, comme leur biographe est forcé de le constater.

L'histoire de la féodalité à Montgeroult offre de curieux rapprochements. Les premiers Seigneurs, les petits tyrans du douzième siècle, passaient leur vie à fouler horriblement le peuple, et le dernier Seigneur, le sieur Gautier, termina sa vie sur l'échafaud.

Les armoiries des Seigneurs féodaux ont disparu, brisées, arrachées ou effacées, et il faut aujourd'hui gratter les murs et en déchiffrer les restes comme des hiéroglyphes, pour les reconstruire, tandis que la bêche et le hoyau, glorieux blason du travailleur, sont restés intacts sur les murs de l'Eglise.

Des Seigneurs avaient peuplé le village de leurs bâtards, et Jean-Joseph, marquis de Scorailles, dernier châtelain de Montgeroult contemporain de l'ancien régime, parent de cette duchesse de Fontanges, la plus brillante étoile de la cour de Louis XIV, et qui avait servi à ses royales débauches, lui-même un roué de la cour de Louis XV, d'après la tradition, était forcé de se présenter tous les jours pendant la révolution, par devant les villageois Jean-Baptiste Gouët, tailleur d'habits, et Paul François Bouillette, charpentier, agents municpiaux de la commune de Montgeroult, exécuteurs de la vengeance populaire.

Enfin, ces laboureurs, dont la piété nous est attestée par leurs épitaphes, trouvèrent dès ce monde la récompense de leur foi: ceux qui attendaient avec tant de sérénité *une vie meilleure*, ne pouvaient être malheureux avec cette espérance. Ils trouvèrent aussi une sorte de gloire : leur mémoire durera aussi longtemps que la pierre qui est là pour attester leurs vertus, tandis que les briseurs d'images de 93, voués au mépris public, périrent tous misérablement et montrèrent une fois de plus, dans les affaires du monde, le doigt de la *Providence*.

NOTES.

Page 1. — Le nom de *Labyrinthe* doit être d'origine romaine, comme les *Planites* de la chaussée de César. Ce tumulus remonte à l'âge de pierre, à une époque où l'on ne brûlait pas les morts. Son nom suppose qu'il y avait sous le monceau de terre dont il est formé, des galeries ou des chambres sépulcrales. Voici ce que dit M. Belloguet de ces monuments, et on peut voir que la description qu'il en fait, se rapporte exactement au monument du parc d'Ableiges :

Les grands tumulus renferment souvent plusieurs cellules mortuaires et quelquefois un assez grand nombre de morts inhumés dans des orientations diverses. Il ajoute que les pierres de Stonhenge en Angleterre, sont entourées d'un fossé et d'un *vallum*. — On n'a pu contrôler l'assertion concernant les poteries romaines qu'on prétend y avoir trouvées.

Page 3. L'origine de Montgeroult est relativement moderne, puisque jusqu'au douzième siècle, si l'on tient compte des dimensions de l'église, il y avait à peine cent habitants.

L'influence des puissants colonisateurs qui s'appelaient les moines de Saint-Denis, est incontestable. La part active qu'ils prirent au moyen âge, au développement matériel et moral de nos villages, est prouvé par le prieuré de Saint-Léger, qu'ils fondèrent à Boissy, et qui existait encore au quinzième siècle, d'après le pouillé de l'Abbaye. Il fut plus tard, au dix-huitième siècle, réuni à la cure de Saint-André de Boissy, dont l'Abbaye avait le patronage. On peut voir encore aujourd'hui, près de l'Eglise, les restes de ce prieuré qui ne manquent pas de grandeur.

Page 4. — Le proverbe que l'on n'a pas jugé convenable de citer dans le corps d'un ouvrage sérieux, se retrouve en plusieurs endroits. Lorsque le vin du Vexin était encore plus aigre que d'ordinaire, les religieux disaient au prieur : Hâtons-nous de le boire, car il es mauvais. Dans les bonnes années, il disaient au contraire: Hâtons-nous de le boire, car il est bon.

Page 5. — On a donné seulement la liste des droits féodaux qui sont indiqués dans un résumé du terrier de 1530, qui se trouve dans l'Inventaire des titres du château.

Page 7. La grange de Champart, encore aujourd'hui intacte, se trouve en face du fief de Marbre, avec la maison du receveur, construction du dix-septième siècle qui ne manque pas de cachet.

Pages 8 et 39. Pendant que cet ouvrage était en cours d'impression, on a trouvé une base d'appréciation exacte pour l'évaluation de la seigneurie justiciaire. D'après les titres du Château, en 1600, le setier de blé valait 5 livres et demie, ce qui donne pour l'argent, à cette époque, une

143

valeur cinq à six fois plus forte qu'aujourd'hui. Ainsi les 7,000 francs et les 750 francs qui représentent la valeur de la seigneurie et de l'affermage de ses revenus, feraient environ 40,000 francs et 1,950 francs d'aujourd'hui.

Page 21. Pour être exact, il faut dire que Suger était à la tête de la prévôté du Vexin, une des grandes charges de l'Abbaye, et que dans ce grand gouvernement était comprise la petite prévôté de Montgeroult, Cormeilles, Boissy et Cergy.

Page 24. A l'acte de Guillaume de Ville-Terry relatif à la mairie, est appendu son sceau, rond et chargé d'une croix ancrée, avec cette exergue : *S. Wilio ... Terrici dni regis ballivi.* Au contre-sceau, une croix ancrée.

Sceau de Gauthier, doyen de Meulan, appendu à l'acte émané de lui : ogival, portant une fleur de lis fleuronnée, la tête en bas avec cette légende : *sigillum Galterii decani Mell.* (A. N. sect. adm. cote S. 318. N°˙ 31 et 42.)

Page 26. Sceau d'Eustache, doyen de Meulan: ogival, portant une fleur de lis fleuronnée et palmée: *S. Eustachii decani de Mellento.* (N° 30.)

Page 29, 3ᵉ ligne. Cercelles, aujourd'hui Sarcelles, près de Saint-Denis.

Page 30. Sceau de Raoul de Lie : rond avec un écu chargé d'un lion: Légende : *Sigillum Radulfi mil.* Au contre-sceau est un écu chargé de trois fasces, avec un lion contourné brochant sur le tout. Légende illisible. Les deux lettres *ga* qu'on y distingue, paraissent indiquer que ces armes sont celles d'Eremburge, femme de Raoul. (N° 38.)

L'acte de vente de Thibaut et d'Eustache de Frémécourt porte le sceau de ce dernier : deux aigles adossées, séparées par une branche d'arbre : *Sigill... de Fremecuria.* (Collection de Sceaux, par Douet-d'Arcq.)

Page 31. On a trouvé depuis, le sceau de Guillaume d'Eragny, conservé à cet acte de confirmation : il porte un lion avec cette exergue : *S. Guillmi de Era...* (N. 43.)

Sceau de Garnier, doyen de Meulan : ogival, chargé d'une fleur de lis fleuronnée : *S. Garnerii. dec... ellenio.* (A. N. Sect. hist L. carton 819.)

Page 32. Sceau de Thibaut de Cormeilles : un écu plain. (D. d. Collect. de Sc.)

Page 35. L'acquisition citée par D. Félibien, comme étant de l'année 1343, est de 1337. « Par devant Jean de Favarches, garde du sceau de la Châtellenie de Pontoise. noble homme Jean de Vigny, chevalier, reconnait avoir vendu à l'Abbaye de Saint-Denis tout droit, justice, seigneurie. profit, émolument, forfaitures, et toute autre chose en un fief qui était tenu de lui, étant en la ville, terrain et dépendances de Montgeroult, que tenait Jean Valet, bourgeois de Pontoise, duquel est tenu en foi et hommage du dit chevalier, et avant la dite vente et le bail de ces présentes lettres, le tenait ledit chevalier en plein fief des dessus dits religieux, si comme il disait, la vente faite pour le prix et la somme de trente deux livres parisis, que le chevalier vendeur confesse avoir reçue des religieux susdits ou de leur commandement, en bonne monnaie bien comptée et nombrée. » L'acte est du 8 avril. (N° 5.)

D. Félibien, en parlant de cet acte, avait soupçonné l'intérêt qui s'y rattache : il complète l'histoire du Moutier qui est le fief dont il est parlé ici. A l'aide des indications fournies par le terrier de 16)0, on peut enfin se rendre compte des phases par lesquelles passa cet établissement au moyen âge. On lit d'abord dans ce terrier, la descrip'ion de la seigneuri justicière acquise peu auparavant, par M. de Dosnon. Ensuite, viennent les autres acquisitions faites par le même, *de plusieurs maisons, terres et autres héritages de aucuns particuliers, ayans et possédans héritages en la dite terre et seigneurie mouvans et dépendans de lui, à cause de la dite acquisition par luy faite de mesdits sieurs les Religieux, abbé et couvent de Saint-Denis en France .*La première de ces acquisitions est celle du Moutier, tel qu'il a été décrit dans la Notice. En comparant le document de 1337. avec le terrier de 1600, on arrive à conclure que le fief de Jean de Vigny n'était autre que la ferme des moines dont le domaine fut affermé probablement vers la fin du treizième siècle, au commencement de la décadence des ordres religieux, comblés de richesses et chez lesquels le relâchement s'introduisait déja. S'il y a encore bien des points obscurs sur cette antique création des religieux, voici du moins ce qui paraît certain : le domaine du Moutier avec ses dépendances fut donné en fief à cette époque, sans doute aux seigneurs de Vigny qui le tenaient comme on l'a vu, en foi et hommage de l'Abbaye de Saint-Denis. Il était alors à Jean Valet, bourgeois de Pontoise, famille originaire d'Osny dont elle avait la seigneurie au treizième siècle. Le titre de bourgeois, donné à Jean Valet, ne veut pas dire qu'il fût roturier: comme don Etiennot le fait remarquer, les nobles habitant les villes prenaient ce titre qui attestait seulement qu'ils partageaient les privilèges des communes où ils résidaient. M. de Dosnon acheta la propriété du fief quelque temps avant de faire l'acquisition de la justice, où il eut alors à la fois la propriété et la mouvance comprises dans la vente de la justice.

PAGE 45. Le terrain calcaire de Montgeroult renferme du marbre. L'hôtel de ce nom fut sans doute bâti avec cette pierre qui a ici une couleur rougeâtre. Aujourd'hui encore, le mur qui se trouve sur la rue, est construit en partie avec du marbre qui vient apparemment des carrières du fief. Peut-être y avait-il une partie considérable, le portail par exemple, sculptée en marbre. On admire la situation de cet hôtel seigneurial, qui domine la vallée avec ces portes cintrées et son colombier à l'aspect tout féodal, A cela s'ajoute pour le pays, un grand intérêt historique, puisque le fief de Marbre fut le berceau de la noble famille de Montgeroult.

PAGE 49. — En 1239, on voit un Thibaut de Dampont, chevalier, dont le sceau se compose d'une fasce frettée, accompagnée de sept merlettes faisant l'orle, quatre en chef et trois en pointe. (D. d. Coll. de So.)

PAGE 52.— D'Aligret portait d'azur au trois aigrettes d'argent, becquées et membrées de sable. (Caumartin.)

PAGE 62. En 1624, un Jean de Dosnon fait un acte de foi et hommage. Ce doit être Jean II de Dosnon, ce qui place la mort de Jean I, cette année ou la précédente.

PAGE 63. Ces ormes sont des tilleuls. Au moment où cette Notice est le plus aride et sèche, se place un trait intéressant de l'histoire locale. La vie d'Élisabeth de Lon offre un intérêt tout particulier. Elle était fille de Jean de Lon, seigneur de Lorme, baron de Baye, une des quatre baronnies du comté de Châlons, seigneur de Tallas, Beauny, Villerenard, Juchy et autres lieux, conseiller du roi en ses conseils, trésorier et président des trésoriers de France en Champagne, et de Marie Chastelain, fille de messire Anct Chastelain. Elle était l'ainée de douze enfants. Elle naquit, dit-on, en 1605. La célèbre Marion de Lorme était sa sœur et fut le cinquième enfant de la nombreuse postérité de Jean de Lon. Les deux familles de Lon et de Dosnon étaient étroitement alliées: Marion de Lorme fut tenue sur les fonts de l'Eglise Saint-Paul par Jacques de Dosnon, trésorier de la Sainte-Chapelle de Viviers, qui paraît être le frère de Jean I. La parenté d'Isabelle ou d'Elisabeth de Lon avec Marion, rend intéressant tout ce qui la concerne. Croirait-on que jusqu'ici, une erreur capitale a été commise sur Marion de Lorme, et que c'est aux archives de Montgeroult que l'on doit de rétablir ce nom tel qu'il doit être? Les érudits comme M. Paulin - Paris et M. Jal, qui se sont occupés à réunir les documents intéressants concernant la célèbre courtisane du règne de Louis XIII, affirment qu'elle s'appelle Marie de Lon, et qu'elle était de la famille des seigneurs de Lorme, en Vexin, dont il a été parlé plus haut. Le véritable nom de Marion était Le Long, et comme on le voit, il y a assez loin de ce nom à celui de Lou. Nous avons, pour le prouver, deux sources différentes: l'Inventaire des titres du château de Montgeroult, et les registres de catholicité de la paroisse. Dans l'inventaire, Isabelle, femme de Jean II de Dosnon, est constamment nommée Élisabeth Le Long, tandis que dans le registre de la paroisse, elle signe toujours de Lon. Ainsi, en 1677 fut baptisée Alexandrine Nory: son parrain fut Jean de *Lon*, Chevalier, seigneur de Lorme, (l'nest parfaitement formé,) et la marraine Élisabeth de Lon, dame de Montgeroult. Ce Jean de Lon est le dernier des enfants de Jean de Lon, dont Isabelle était l'aînée. En 1681, Élisabeth fut encore marraine avec Charles Antoine Saltour, seigneur de Tilly et autre lieux. Elle signa au registre Isabelle De Lon, et on peut constater qu'elle n'écrit guère mieux que sa sœur, si l'on en croit le *Figaro*, dont on parlera plus bas.—Cette famille était-elle noble ou bourgeoise? — Le soin avec lequel fut déguisé le véritable nom, ne laisse aucun doute sur son origine roturière. Il est curieux de suivre les ruses employées par la vanité bourgeoise, pour arriver à se créer une sorte de noblesse, vanité dont Molière à fait son profit. Le Long, nom de famille incontestable d'Isabelle, pour s'anoblir, dut passer par de Long et comme l'épithète roturière se faisait trop sentir, devint de Lon, nom qui n'avait aucun sens et n'était pas français. Dans les actes notariés officiels, le vrai nom paraît constamment; partout ailleurs, il devient de Lon. C'est pourquoi les érudits de nos jours, cherchant à le franciser, ont voulu y voir *de Lou*, origine seule vraisemblable.

Pendant que le drame de Victor Hugo se joue au Théâtre Français, la presse s'occupe beaucoup de l'histoire de Marion. Il est singulier que des hommes aussi friands de tout ce qui est inédit et neuf, n'aient pas donné les armoiries de la bourgeoise Marion si bien salies par elle. Or, on trouve dans le nobiliaire de Normandie, de 1661, un Le Long, écuyer seigneur de Long

funig, Contentré ét du Mesnil, qui porte d'or, au sautoir
dentelé de sable, cantonné de quatre têtes de léopards
de gueules.

Tous les journaux ont fait l'éloge de la beauté de la
décoration et du soin avec lequel la couleur locale a été
observée. Nous avons ici un monument historique contemporain de Marion, et qui qui fait revivre son souvenir. Le château de Montgeroult fut bâti par sa sœur
Isabelle. Que d'originalité encore dans ces toits aigus,
ces lucarnes, ces fenêtres plus allongées que sous le
règne suivant, et qui n'en n'ont pas la froideur classique!

Il y a encore à Montgeroult, des légendes qui s'adap-
tent merveilleusement à cette époque aventureuse et
romanesque. On vous dira que la carrière Perron, aujourd'hui presque disparue, mais exploitée à cette
époque où l'on trouve dans les actes *la Gueule de la
carrière Perron*, servit de prison ou de refuge à une
princesse qui a laissé de profonds souvenirs dans le pays.
Prisonnière, elle ne sortait que la nuit, avec des gardes,
sous un masque, pour parcourir la campagne et respirer
l'air vif de la vallée. Il doit y avoir là un souvenir de
cette reine du demi-monde, d'une beauté si éclatante,
et si spirituelle, dit-on.

Marion revenait tous les ans, quittant sa folle vie
de Paris, passer l'été chez ses parents, au château de
Baye, où elle reprenait la dignité de la grande dame.
Elle dut venir souvent dans le vallon enchanté de la
Viosne, visiter sa sœur aînée dans son élégant castel.
Ainsi l'un des hôtes du sévère Moutier fut la reine du
demi-monde de la Fronde(Quelques-uns de ces renseigne-

ments ont été tirés d'un article du Figaro du 8 février dernier, qui renferme une foule d'assertions hasardées).

PAGE 70. Les armes du cardinal de Furstemberg ont été gravées dans un cartouche, au milieu du cadran solaire. Elle sont effacées aujourd'hui. Elle se composaient d'une aigle, avec une bordure ondée. Sur l'aigle, un écusson écartelé au premier et au quatrième, d'un gonfanon, au deuxième et au troisième, d'une barre vivrée.

PAGE '06. Les modillons représentant les Apôtres avec leurs attributs, sont peut-être la page la plus intéressa·..c et la plus originale de l'histoire de l'Eglise, et aussi, il faut dire, la partie qui fut la plus maltraitée au siècle dernier: *La charpente de l'Eglise figure les prédicateurs qui l'élèvent et la soutiennent spirituellement*, dit Durand de Mende. Les apôtres sont représentés avec une chevelure et une barbe formidables, toujours d'après le Rational : *Et on les peint chevelus comme les Nazaréens, car voilà la loi des Nazaréens : Que dès le temps de leur séparation de la vie commune des hommes, le rasoir ne passe pas sur leur tête.*

L'ordre dans lequel ces modillons se trouvent placés, est tout à fait bizarre. Ainsi, ce n'est pas Saint Pierre qui ouvre la marche, mais Saint Jacques le Majeur, avec son bourdon. Il faut se rappeler que le pèlerinage de Saint Jacques de Compostelle était alors le plus populaire de tous, et qu'en France, il donna naissance à une foule de confréries. La tête de cet apôtre est presque détruite. Après lui vient Saint Jacques le Mineur, avec la massue dont on se servit pour lui écraser la tête, le tout parfaitement conservé. Saint Pierre ne vient qu'en troisième lieu, avec son front chauve et sa clef;

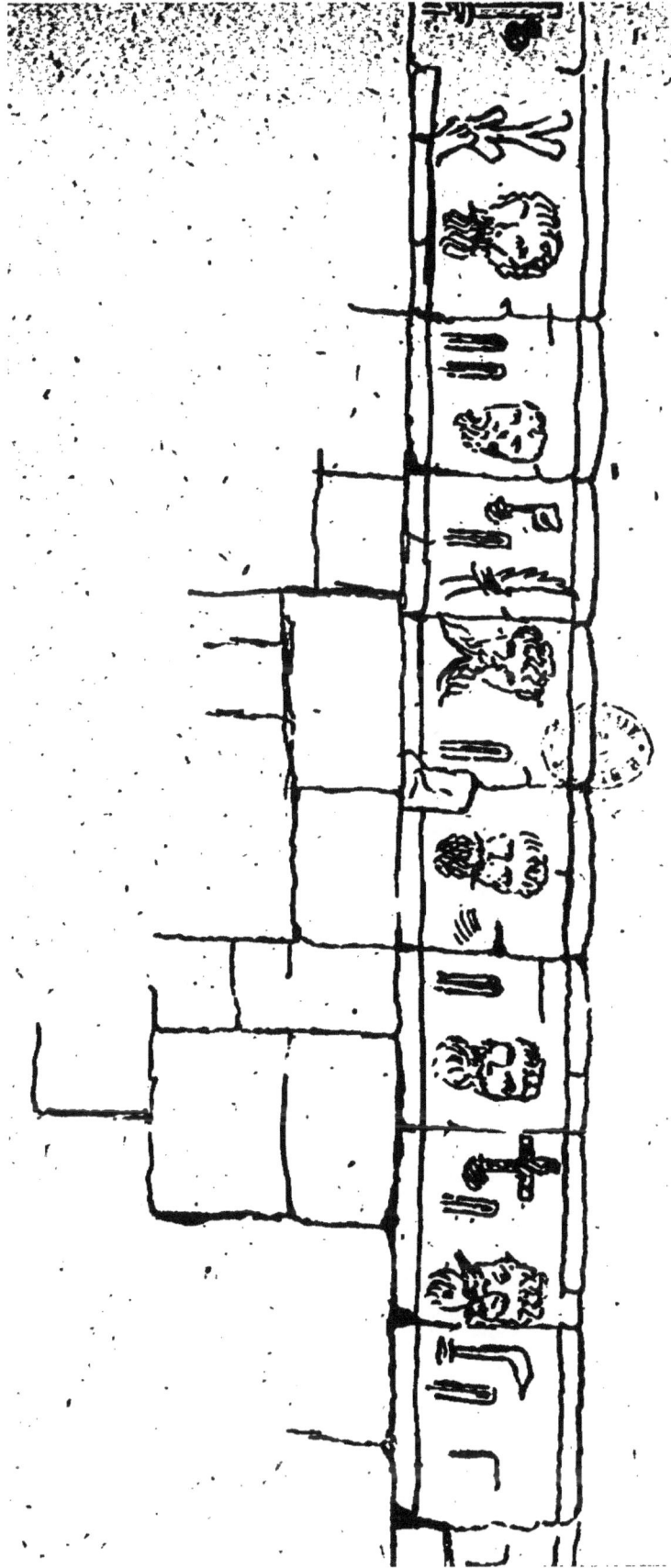

cette tête est indignement plâtrée. Puis vient Saint Mat-
thieu avec une épée à dents de scie: certains auteurs pré-
tendent qu'il fut massacré à coups d'épée. Cet évangéliste
dont l'attribut était l'homme, a la figure plus caractérisée
que les autres, et parfaitement conservée. Ensuite on voit
Saint Thomas tenant à la main une lance dont il fut percé,
lance représentée par la hallebarde à trois fers du moyen
âge dont la trace est restée sur le mur. Saint André porte sa
croix à la main ; on n'a pas oublié le naïf détail des
deux trous creusés par les clous sur les bras de la croix.
Saint Mathias, qui eut la tête tranchée, porte à la main
une hache en forme de cognée. La huitième tête est
entièrement défigurée par le mur du porche. Il n'y a
plus d'attribut; elle représente sans doute Saint Simon
et Saint Jude dont la fête se célèbre le même jour, et
dont on faisait parfois un seul personnage. Saint Jean
est entièrement imberbe et a un calice à la main. Il se
trouve ici par hasard qu'il n'y a pas d'anachronisme: Saint
Jean est représenté à l'âge qu'il avait réellement à la
Cène, au moment on il reposa sur le sein de Notre-
Seigneur. Saint Barthelemi qui fut écorché vif, tient une
paire de tenailles à la main. Saint Paul, avec une chevelure et une barbe imposantes, serre un glaive qui n'est
pas moins qu'une épée à deux mains. Le dernier, dont
l'attribut est caché par le plâtre du porche, doit être
Saint Philippe, qui fut crucifié.

Cette galerie si naïve et si pittoresque a été traitée
avec la dernière irrévérence par un siècle soi-disant
éclairé, le dix-huitième. La plupart des têtes sont cou-
vertes de plâtre, et les cinq dernières servent d'appui à la
poutre sur laquelle repose le toit du porche.

PAGE 74. Pendant que cette notice s'imprimait, on a retrouvé l'épitaphe de Marie Fermé. Elle se trouvait avant la révolution, dans la chapelle de Saint-Jean. Cette plaque, en marbre noir, fut brisée en 93: on s'acharna sur le haut de la pierre qui contenait l'énumération des titres et les armoiries de la *Haute et Puissante Dame*. Voici ce qui reste de cette épitaphe, composée par le président Chevalier, dans le beau style lapidaire qu'on lui connait: ..... *immortalitatis .... exemplar virens ac moriens, familiae olim decus et amor, nunc dolor et desiderium. Amicis ornamento fuit et solatio, pauperibus subsidio et tutelae, quarum lacrymas, dum viveret, abstersit, horum lacrymis mortua perfunditur. Filiis Ludovico, Marco Renato et Mariæ Margaritæ, quos reliquit superstites lucem dedit. Migravit e vitâ 14 maii anno 1710, aetatis vigesimo sexto. Carissimæ conjugi perpetuum hoc amoris sui monimentum conjux mœrens p.*

Ce qui veut dire que regrettée de ses proches, de ses amis, et des pauvres dont elle essuya les larmes pendant sa vie, et qui l'arrosent de leurs larmes après sa mort, elle quitta la terre à 26 ans. laissant trois fils : Louis, Marc -René et Marie-Marguerite.

PAGE 112. — En 1637, Philippe Guyon paraît dans le registre de la paroisse, comme *escholier étudiant en l'université de Paris.* Evidemment, une époque où le plus petit village produisait des clercs et des gradés dans l'université, comme il est attesté par les registres, était plus docte et plus avancée que celle d'aujourd'hui. — Il y avait alors plus de bourses dans telle province de

France, pour les étudiants pauvres, qu'il n'y en a maintenant dans toute l'université.

PAGE 137. Le 17 novembre 1872, la confrérie de Notre-
Dame du Mont-Carmel a été rétablie; la Statue et le
Crucifix avaient été décorés pour ce jour-là, avec toute
l'exactitude historique possible. A la vue de ce beau pro-
duit de l'art chrétien, on se rappelle involontairement
Blanche de Castille, faisant dans tout l'éclat de sa jeunesse
et de sa beauté, une apparition dans sa bonne ville de
Pontoise.

Ceci nous mène à évoquer les souvenirs magiques de
cette époque: Croisades, chevalerie, liberté. Le nom de
Saint-Cors qui appartenait aux maires héréditaires de
Montgeroult, rappelle qu'ils durent leur origine à un de
ces pieux et courageux croisés qui, en si grand nombre
et au prix de leur sang, rapportaient dans leur patrie
des reliques vénérables, des *Corps Saints*, et que la re-
nommée baptisait d'un surnom glorieux. Un chevalier
des environs, Adam de l'Ile, relate avec orgueil dans
une charte, qu'il fit jusqu'à trois fois le pèlerinage de la
Terre Sainte; plus heureux que Saint-Cors, ses descendants soutinrent dignement son nom, et l'un d'eux fut
le grand'maître de Rhodes, Villiers de l'Isle-Adam.

Par contre, le souvenir d'un chevalier félon se re
trouve dans ce Thibaut de Frémécourt, détenteur du
bien des pauvres et de Dieu, et qui reçut le surnom de
de *Loup*, animal féroce et vivant de rapines. Si la description que j'ai vue ailleurs des armes de cette famille
est exacte, le chevron *failli* et les trois merlettes *con
tournées* doivent rappeler un jugement rendu contre lui

par ses pairs. *Le blason,* est-il dit dans Ducange, *est une perpétuelle louange ou continue vitupère, de ce qu'on s'est proposé de blasonner.*

Il y a dans la résistance obstinée des trois communes à maintenir leurs prétentions sur les prés des Vaux, autre chose qu'une coïncidence avec les idées de liberté si radicales qui agitaient alors les cités voisines: le souffle d'indépendance qui ébranlait les donjons est venu jusqu'ici; les ruraux se mettent aussi à reclamer leurs droits.

L'enthousiasme qu'excita la suppression de l'Avouerie et le jugement rendu par Thibaut de Cormeilles contre ces seigneurs de Courcelles, qui, en qualité de défenseurs de l'abbaye, vexaient leurs sujets au point de leur refuser de faire rouir le chanvre dans les eaux de la vallée, nous est constaté par ce proverbe que tout le monde connaît, et qui est resté célèbre dans toute la contrée.

A cette époque où les individualités étaient si tranchées, on voit dans le village les noms suivants: *Tranchebyse* qui dut être un de ces sergents d'avoués dont parle Suger, tyrans subalternes et ridicules: il y a loin de *Heurterent* et *Tranchebyse* à *Taillefer* et à *Tranchelyon.* On voit encore *Poussemaille,* dissipateur à qui manquait la première vertu villageoise, l'économie; *Caffin* et *Caffaux,* pour *Chat fin* et *Chat faux,* redondances qui sentent terriblement le Vexin Normand; *de la Groue* et du *Moutier,* qui ont pris naissance sur le sol même.

Terminons par un dernier mot sur Notre-Dame de Montgeroult; il y a la même différence entre cette œuvre de l'art chrétien et les produits de l'industrie moderne, dont il faut excepter la vierge de la chapelle, qu'entre une de ces fleurs hybrides qui éblouissent les yeux dans nos parterres, mais qui ne sont que des monstres, et une simple fleurette des champs qui fait l'admiration des savants.

FIN

TABLE

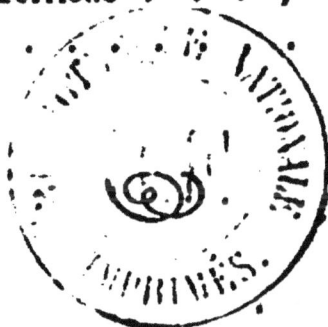

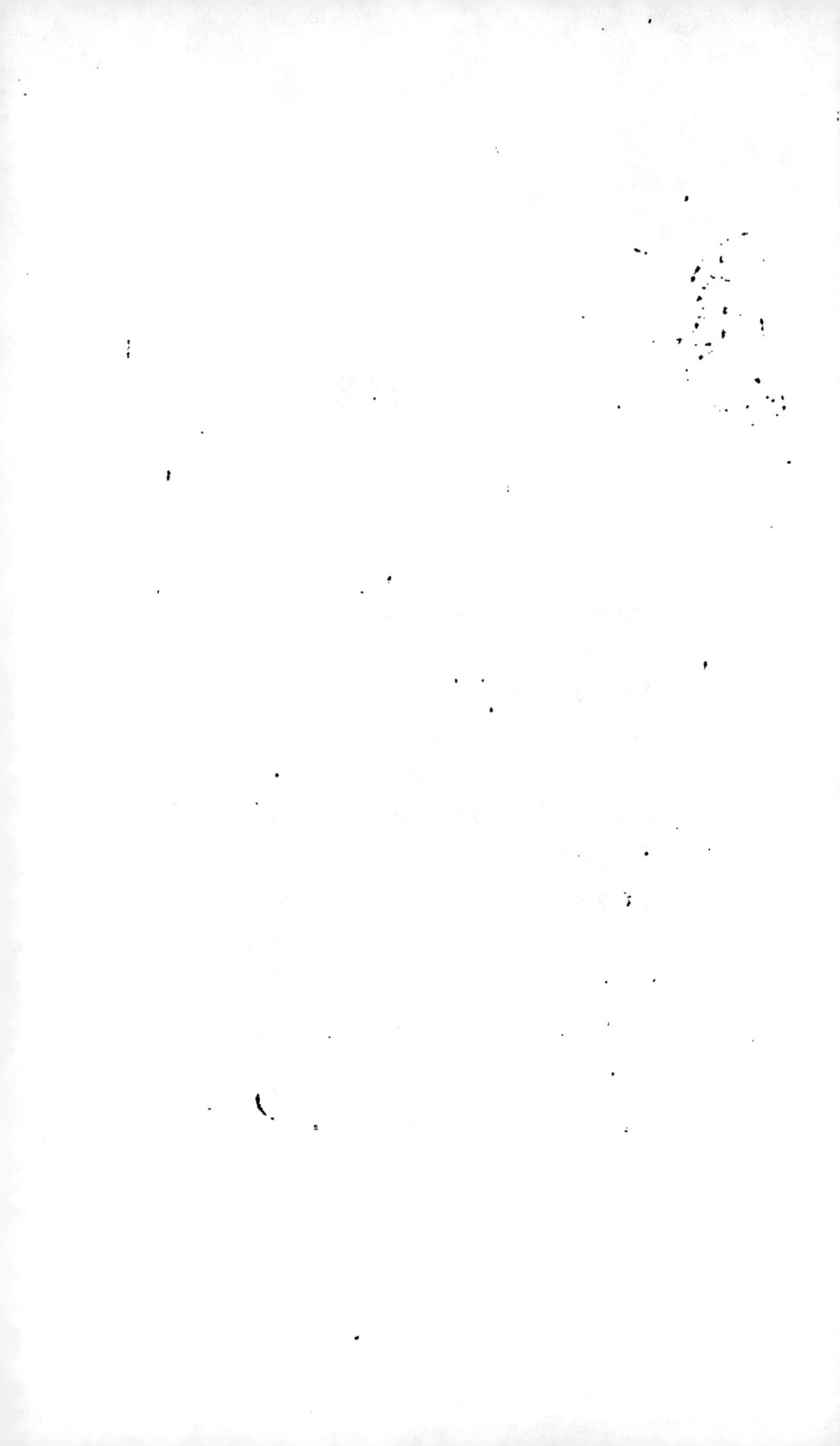

APPENDICE.

Pour n'avoir pas accompli le précepte d'Horace qui recommande de laisser s'écouler neuf ans, avant de mettre un livre au jour: *nonumque premalur in annum*, on a omis deux faits importants de l'histoire locale qui n'ont été connus qu'après l'impression de cette Notice.

En 1119, Gautier de Montgeroult, *Guallerius de Montegeruo* est témoin dans un acte par lequel Guillaume, fils d'Osmont de Chaumont, restitue au prieuré de Liancourt les droits dont il s'était injustement emparé. Ce document important fait remonter la famille de Montgeroult au onzième siècle, et il est après la donation de l'Église aux Abbés de Saint-Denis, la date la plus ancienne concernant le village. (B. N. collection Levrier, preuves, n° 338)

On a vu que Suger s'était occupé du Vexin d'une manière toute spéciale et qu'il regardait en quelque sorte cette prévôté comme sa création. On se rappelle que la chapelle de la Saint-Vierge avait été faite de son temps; c'est avec un grand charme que les yeux s'arrêtaient sur cette œuvre de transition, représentant l'enfantement de l'architecture ogivale. On se plaisait à penser que ces modillons, mélange de volutes et de figures grotesques, ces voûtes, cette toute gracieuse fenêtre à lancette de la seconde travée, si bien faite pour être partagée en médaillons permettant au peuple de lire les scènes de la Bible, avaient été faits sous l'inspiration de ce génie en froc de moine. Nous avons quelque chose de plus qu'une présomption sur la part active que prit

Suger, à la formation du village : nous avons un fait positif, témoignage de l'intérêt que l'illustre moine porta à Montgeroult.

En 1150, il fait écrire par le curé de *Montgérol* à Hugues, archevêque de Rouen, pour lui demander de dispenser l'Eglise de payer la Synodatique. D'après cet acte, on voit qu'il y avait dès lors un prêtre séculier à la tête de la paroisse. Le droit dont il s'agit ici était très-lourd, puisqu'alors 8 livres valaient 250 francs. Suger allègue, pour obtenir la suppression de cette charge, la pauvreté du lieu : *pro paupertate loci.* Le village en effet, d'après les dimensions de l'Eglise, n'était guère peuplé, et les causes d'appauvrissement ne manquaient pas pour un pays ayant un sol ingrat, et ruiné par les rapines des avoués, et les abus inévitables provenant de l'hérédité chez les maires.

L'archevêque de Rouen obtempère gracieusement à sa demande et s'engage à lui accorder la suppression du droit, aussitôt qu'il le verra, en faisant observer toutefois que ceux qui s'acquittent des droits réservés aux pères spirituels, attirent les bénédictions de Dieu sur les biens qui leur restent. En retour, il demande à Suger son appui, pour obtenir la restitution de l'Eglise de Gisors, qui était détenu par le roi. *(n° 469)*

Ce bienfait de Suger était considérable, puisque le droit de la Synodatique équivalait à la moitié des revenus que la Fabrique possède aujourd'hui. Ainsi il eut indirectement une grande part aux embellissements de l'Eglise, et grâce à lui, elle put acquérir ces sculptures remarquables que nous admirons encore aujourd'hui. La synodatique doit être ajoutée aux bienfaits du régime monastique énumérés au chapitre des seigneurs justiciers.

ERRATA.

Page 16, lisez : plupart, appartenait.
Page 32, lisez : moitié.
Pages 95 et 96, lisez : cintre.

Pontoise.—Imprimerie de Villemar.

www.ingramcontent.com/pod-product-compliance
Lightning Source LLC
Chambersburg PA
CBHW072042090426
42733CB00032B/2063